本书编委会

主　编：苏　梅

副主编：李　骐、李　为、江　涛、刘玉飞、
　　　　　 景海蓉、杜　娟、金祥慧、郑紫玲

编　委：郑梦婷、王　瑗、龙大香、邵英齐、
　　　　　 杨　凤、阮雅丽、钟文灏、卢淑勉、
　　　　　 黄　捷、邬海燕、白尚武、林艳萍、
　　　　　 赵俐怡、王童萱、褚　碧、林怡臻、
　　　　　 邵玥明、王　萍、李家明、兰清强、
　　　　　 吴　娜、白红蕊、费　凡、赵　洋、
　　　　　 梅金芳、李　硕、邓麟艺

本书部分图片及句子均为易董共创用户提供，特此鸣谢！

时光易流逝

价值恒久远

2020

苏梅 主编

倾值歷

中国财经出版传媒集团
中国财政经济出版社

图书在版编目（CIP）数据

价值历．2020/苏梅主编．—北京：中国财政经济出版社，2019.9

ISBN 978-7-5095-9251-9

Ⅰ.①价… Ⅱ.①苏… Ⅲ.①历书－中国－2020 ②金融法－基本知识－中国 Ⅳ.① P195.2 ② D922.28

中国版本图书馆 CIP 数据核字 (2019) 第 198802 号

责任编辑：付克华　特约编辑：杜娟　李骐　郑紫玲
封面设计：北京兰卡绘世

出版业务联系电话：010-88190942、88190606

*中国财政经济出版社*出版

URL: http://www.cfeph.cn

E-mail: cfeph@cfeph.cn

（版权所有　翻印必究）

社址：北京市海淀区阜成路甲 28 号　邮政编码：100142

营销中心电话：010-88191537

北京财经书店电话：64033436　84041336

北京启航东方印刷有限公司印刷　各地新华书店经销

889×1194 毫米　48 开　16 印张　260 000 字

2019 年 10 月第 1 版　2019 年 10 月北京第 1 次印刷

定价 96.00 元

ISBN 978-7-5095-9251-9

（图书出现印装问题，本社负责调换）

本社质量投诉电话 010-88190744

打击盗版举报热线：010-88191661　QQ：2242791300

有些事不是看到了希望才去坚持,

而是因为坚持才会看到希望。

岁月漫长,

值得等待。

全球"股神"——沃伦·巴菲特

人们聊起股票,很容易谈起被称为"股神"的沃伦·巴菲特。2018年2月28日,《2018胡润全球富豪榜》发布,87岁的沃伦·巴菲特成为继亚马逊CEO杰夫·贝佐斯之后越过1000亿美元大关的第二人。

巴菲特1930年8月30日生于美国内布拉斯加州的奥马哈市,小时候就不合群,同龄小孩都爱看动画片,巴菲特看的却是从图书馆借来的《赚1000美元的1000种方法》。他11周岁便跃身股海,购买了平生第一张股票。1950年,巴菲特申请哈佛大学被拒之门外,考入哥伦比亚大学商学院,拜师于著名的投资学理论学家本杰明·格雷厄姆。

1956年,巴菲特将一家濒临破产的纺织厂接手并进行精心运作,如今已将伯克希尔·哈撒韦公司变成庞大的投资金融集团,成为全球最赚钱的企业之一。

巴菲特曾投资《华盛顿邮报》、可口可乐、通用等公司,并获得了巨大成功。2016年买入的苹果公司股票,也让他获利丰厚。据伯克希尔2019年上半年财报,持有的苹果股票市值达550亿美元,是公司持仓最大的科技股。

巴菲特还特别看好中国。在2019年5月4日的伯克希尔股东大会上,他表示,中国是一个很大的市场,我们已在中国投入很多,但仍然不够;未来15年内,我们可能会在中国市场进行更大规模的投资。

按照巴菲特的投资核心理念,投资生意要简单、易懂,被投资的公司产品生产需要具有多年的可持续性,并且具有良好的前景。他说:"若你不打算持有某只股票达十年,则十分钟也不要持有。"

沃伦·巴菲特
（Warren E. Buffett，1930.8.30—）

全球著名投资家，价值投资代表人物。全球50大最具影响力人物，被誉为"股神"。

1月

SUN	MON	TUE	WED	THU	FRI	SAT
			1 元旦	2 腊八节	3 初九	4 初十
5 十一	6 小寒	7 十三	8 十四	9 十五	10 十六	11 十七
12 十八	13 十九	14 二十	15 廿一	16 廿二	17 小年	18 廿四
19 廿五	20 大寒	21 廿七	22 廿八	23 廿九	24 除夕	25 春节
26 初二	27 初三	28 初四	29 初五	30 初六	31 初七	

要想**得到**世界上最好的**东西**，

首先得让世界看到**最好的你**。

历史上的今天 1995年1月1日起，股市从"T+0"交易制度改为"T+1"，当日买进的股票，要到下一个交易日才能卖出，同时，对资金仍然实行"T+0"，即当日回笼的资金马上可以使用。此前实行"T+0"时，由于一天可交易多次，一只股票一天之内会暴涨暴跌，风险极大。为了保证股市稳定，国家决定实行"T+1"交易，该制度沿用至今。

2020年·己亥年

农历腊月初七

01

宜开始

一月 星期三

记事：

　　投资者买入的证券，在交收前不得卖出，但实行回转交易的除外。

上交所

深交所

腊八

思念浓浓化作米，

暖暖粥香是幸福的味道。

历史上的今天 2004年1月2日，上证50指数亮相。上证50指数是根据科学客观的方法，挑选上海证券市场规模大、流动性好的最具代表性的50只股票组成样本股，是优质蓝筹股的突出代表。它综合反映了上海证券市场最具市场影响力的一批龙头企业的整体状况。

农历腊月初八   2020年·己亥年   一月 星期四

02

宜喝粥

记事：

  上证50指数根据总市值、成交金额对上证180指数样本股股票进行综合排名，取排名前50位的股票组成样本，但市场表现异常并经专家委员会认定不宜作为样本的股票除外。

沪主板

每一个不曾**起舞**的日子，都是对**生命**的辜负。

历史上的今天 2019年1月3日，嫦娥四号探测器自主着陆在月球背面并传回照片。人类对太空的探索与资本市场息息相关，A股航天航空、军工制造上市公司327家占据全市场近10%的比重。

2020年·己亥年

03

宜健身

农历腊月初九

一月 星期五

记事：

竞价交易买入债券的深交所以10张或其整数倍，上交所以1手或其整数倍进行申报。

上交所

深交所

投资者信心（Investor Confidence）：

指投资者在当前经济和市场环境下的投资心理和预期变化，对未来投资前景的心理预期，是重要的投资者心理因素之一，也会对市场走势产生一定的影响。该理论以市场心理为基础，来解释市场股价的变动，并非完全依靠公司财务方面的资料，故可以弥补传统股价理论的缺点，对股市的反常现象提出合理的解释。

历史上的今天 2016年1月4日，中国股市熔断机制生效首日，午后开盘，跌破5%，触发熔断，15分钟后，重新开盘，仅用了6分钟便跌至7%，再次触发熔断阈值，13点34分三大交易所暂停交易至收盘。熔断机制仅实施了4天，2016年1月8日暂停熔断机制后，大盘持续了一个月的下跌，创出了2016年的最低点2638点。

农历腊月初十

2020 年・己亥年

04

宜多联系

一月 星期六

记事：

　　2015 年 12 月 4 日，沪深交易所颁布《交易规则》引入指数熔断机制，对相关事项予以明确。2016 年 1 月 4 日，中国股市熔断机制首日生效。经证监会批准，2016 年 1 月 8 日起暂停实施。

上交所

深交所

▶ 如果追求在股市要涨之前买入,要跌之前卖出,会不可避免地滑入投机。投资是追求在股价低于公允价值时买入,在高于时卖出。搞对时间不如搞对价格。

▶ 市场从来不是一台根据证券的内在品质而精确地客观地记录其价值的计量器,而是汇集了无数人部分出于理性(事实)部分出于感性(理念和观点)的选择的投票器。这就是市场波动的由来。

▶ 一个成功的投资者应遵循两个投资原则:一是严禁损失,二是不要忘记第一原则。

——本杰明·格雷厄姆(证券分析之父)

历史上的今天 2016年1月5日,时隔多年后管理层重启新股市值配售,它是指在新股发行时,将一定比例的新股向二级市场投资者配售,投资者根据其持有上市流通证券的市值自愿申购新股。市值配售取消了申购预先缴款,新股发行不再冻结打新资金,对稳定市场有着一定意义,对场内的投资者也是一种回报。

农历腊月十一　2020 年·己亥年　一月　星期日

05
忌失眠

记事：

　　首次公开发行股票时，主承销商应当按照事先披露的配售原则和配售方式，在有效申购的网下个人投资者和机构投资者中选择股票配售对象。配售对象是指网下投资者所属或直接管理的，已在协会完成注册，可参与网下申购的自营投资账户或证券投资产品。

通用板块

小寒

东风吹来梅花香,

小寒送吉祥。

历史上的今天 2003年1月6日,中信证券上市,成为我国第一家公开发行股票的上市券商。中信证券通过资本市场的赋能,迅速成长为国内一流券商。

2020 年·己亥年

06

忌计较

农历腊月十二

一月 星期一

记事：

沪主板新股申购单位为 1000 股，申购数量应当为 1000 股及其整数倍。深交所、科创板每一个新股申购单位为 500 股，申购数量应当为 500 股或其整数倍。但最高申购数量不得超过当次网上初始发行数量的千分之一，且不得超过 9999.95 万股，如超过则该笔申购无效。

沪主板

科创板

深交所

"大圣,此去欲何?" "踏南天,碎凌霄。" "若一去不回……" "便一去不回。"

历史上的今天 2009年1月7日,工业和信息化部正式发放3G牌照,将TD-SCDMA、CDMA2000、WCDMA三张3G牌照分别发放给中国移动、中国电信和中国联通,这标志着我国进入通讯3G时代。从3G到5G,中国的通信技术已在全球领先,2019年5G板块概念股122只,5G市场全球格局发生新变化。

2020年·己亥年

07

宜再加把劲

农历腊月十三

一月 星期二

记事：

首次公开发行股票采用询价方式的，公开发行后总股本在4亿股（含）以下的，网下初始发行比例不低于本次公开发行股票数量的60%；公开发行后总股本超过4亿股的，网下初始发行比例不低于本次公开发行股票数量的70%。

通用板块

分段获利法（Segment Profit Method）：

指当所购买的股票创下新高行情时，便将部分股票卖掉，及时实现收益，剩下的股票则持仓不动，期待更高的价格。即使股价下跌，也可安心持有，因为已有赚得的部分差价，不至于赔得很多。分段分次抛售股票虽然会因价格下落而减少所得利润，但也可能享受行情上涨的益处，此种投资法是一种折中的方法，适用于稳健保守的投资者。

历史上的今天 2007年1月8日，沪深交易所设置特别交易板块（S板）、S股在我国是指尚未进行股权分置改革或者已进入改革程序但尚未实施股权分置改革方案的股票，在股名前加S，对所有S股涨跌幅实施5%限制。

农历腊月十四

2020年·己亥年

08

忌懒惰

一月 星期三

记事：

　　已经被暂停上市的公司，法定期限届满后，公司在证券交易所规定的期限内，依然未能披露年度报告或者半年度报告的，证券交易所应当终止其股票上市交易。

通用板块

如果时光可以倒流，我还是会选择认识你。

历史上的今天　2007 年 1 月 9 日，第一代 iPhone 发布。正是这一部手机，彻底改变了移动终端设备的格局，引领了触屏设备的大爆发。《时代》杂志将 iPhone 评为 2007 年度的最佳发明，并将其称为"一部永远改变手机产业的手机"。

农历腊月十五

2020 年·己亥年

09

宜忘我

一月 星期四

记事：

退市整理期间，上市公司股东所持有限售条件股份的限售期限将连续计算，限售期限届满前相关股份不能流通。

上交所

深交所

我们都是搁浅在人间的星星，
想要回到属于自己的天空。

 2000年1月10日，美国在线公司和时代华纳公司合并，组建"美国在线——时代华纳公司"。合并后的新公司由美国在线控股55%，时代华纳控股45%，公司的市值达3500亿美元，这是当时美国乃至世界历史上最大的一宗并购案。并购后，公司经营急转直下，最终解体。

2020年・己亥年

10

忌自我封闭

农历腊月十六

一月 星期五

记事：

　　交易所对股票退市整理期间交易实行价格涨跌幅限制，涨跌幅限制比例为10%。

沪主板

深交所

咖啡**苦与甜**，不在于怎么搅拌，而在于是否**放糖**；世界上只有想不通的**人**，没有走不通的**路**。

历史上的今天 1982 年 1 月 11 日，邓小平在会见外宾时首次提出"一个国家、两种制度"的概念。按照邓小平的论述，"一国两制"是指在一个中国的前提下，国家的主体坚持社会主义制度，香港、澳门、台湾保持原有的资本主义制度长期不变。

农历腊月十七

2020 年·己亥年

11

宜别致

一月 星期六

记事：

　　上市公司应当完善公司治理，提高盈利能力，主动积极回报投资者。公司首次公开发行股票、上市公司再融资或者并购重组摊薄即期回报的，应当承诺并兑现填补回报的具体措施。

通用板块

► 做时间的朋友，需要极强的自我约束力和发自内心的责任感。在多数人都醉心于"即时满足"（instant gratification）的世界里，懂得"滞后满足"（delayed gratification）道理的人，早已先胜一筹。

► 我有三个哲学观，分别是："守正用奇""弱水三千，但取一瓢"和"桃李不言，下自成蹊"。"守正用奇"语出老子《道德经》的"以正治国，以奇用兵"；"弱水三千，但取一瓢"引申自《论语》，是说看准了好的公司或业务模式就要下重注；"桃李不言，下自成蹊"出自《史记》，是说只要做正确的事情，不用去到处宣传，好的企业家会找到我们。

——张磊（高瓴资本管理公司创始人）

历史上的今天 2010年1月12日，证监会发文正式批准中金所开展股指期货交易。股指期货的推出，不仅有利于稳定一级市场，也是对市场做空机制的完善，同时，投资者的产品选择和机构投资策略都将趋于多元化，从而增强资本市场的弹性和深度。

2020年·己亥年

农历腊月十八

12

宜相见

一月 星期日

记事:

设立期货交易所,由中国证监会审批。未经国务院或者中国证监会批准,任何单位或者个人不得设立期货交易场所或者以任何形式组织期货交易及其相关活动。

通用板块

山静似太古，日长如小年。余花犹可醉，好鸟不妨眠。

——宋·唐庚《醉眠》

历史上的今天 1992年1月13日，股票认购证诞生。"兴业房产"发行新股时，发售地上海江湾体育场出现了提前2天排队造成的混乱情况，给管理层敲响了警钟。因1992年尚有10多只新股要发行，当时主管股票市场的人民银行想出政策，凭认购证摇号中签认购新股，于是中国的股票认购证应运而生。

农历腊月十九

2020 年·己亥年

13

宜勤恳

一月 星期一

记事：

内幕交易行为给投资者造成损失的，行为人应当依法承担赔偿责任。

通用板块

所有**今天**都来自**昨天**，任何**未来**都取决于**现在**。

历史上的今天 2001年1月14日，经济学家吴敬琏在央视《经济半小时》表示："中国的股市很像一个赌场，而且很不规范。赌场里面也有规矩，比如你不能看别人的牌。而我们这里呢，有些人可以看别人的牌，可以作弊，可以搞诈骗、坐庄、炒作、操纵股价这种活动可以说是登峰造极。""股市赌场论"随后引发了全国范围内的大讨论。

2020年·己亥年

14

忌紧绷

农历腊月二十

一月 星期二

记事：

证券的发行、交易活动，必须遵守法律、行政法规；禁止欺诈、内幕交易和操纵证券市场的行为。

通用板块

静静地缅怀追忆，睁开眼我们又是赶路人。

 2002年1月15日，最高人民法院发布了《关于受理证券市场因虚假陈述引发的民事侵权纠纷案件有关问题的通知》，从1月15日起开始受理和审理证券市场由中国证监会及其派出机构做出生效处罚决定，因虚假陈述行为引发的民事侵权赔偿纠纷案件，以逐步建立和完善证券市场上侵权民事责任制度。通知发布18年来已为投资者挽回了无数损失。

2020 年·己亥年

15

忌骄傲

农历腊月廿一

一月 星期三

记事：

　　虚假陈述民事赔偿案件的诉讼时效为两年，从中国证券监督管理委员会及其派出机构对虚假陈述行为做出处罚决定之日起计算。

通用板块

当华美的叶片落尽，生命的脉络才历历可见。

历史上的今天 2015年1月16日，证监会通报券商融资类业务现场检查情况，部分存在违规问题受到处罚。通报后第一个交易日，沪指大跌7.7%，创7年来最大单日跌幅，A股市值一日蒸发3万亿元，两市跌停个股近150只，近2000只个股下跌，以券商股为首的金融板块全部跌停。

农历腊月廿二

2020 年·己亥年

16

宜真挚

一月 星期四

记事：

证券公司不得诱导不适当的客户开展融资融券业务。

通用板块

过小年

剪下一段时光，
点亮更美的年。

历史上的今天 1992年1月17日，中美签署保护知识产权谅解备忘录。坚持中美两国政府达成的中美知识产权谅解备忘录的基本原则，通过协商解决双边知识产权问题，发展多种形式的经济技术合作，促进了双方贸易及全球经济发展。

2020年·己亥年

17

宜吃饭

农历腊月廿三

一月 星期五

记事：

　　股东会或者股东大会要求董事、监事、高级管理人员列席会议的，董事、监事、高级管理人员应当列席并接受股东的质询。

通用板块

顽固心理（Stubborn Mind）：

指过度的自我主张和过于自信，以致不能顺应趋势与潮流的心理倾向。这种心理会导致人们误解信息的准确性，并且高估分析信息的能力，将导致投资者做出包括过度交易、冒险交易在内的错误交易决策及最终的投资组合的亏损。

历史上的今天 2005年1月18日，史上最大客机空客A380面世，最多可乘坐840人。它代表的，不仅仅是一架飞机，它是人类的梦想，是人类的执著，是人类对于天空的试探，也是人类对于未来的憧憬。

农历腊月廿四

2020 年·己亥年

18

忌萧条

一月 星期六

记事：

　　由于可交换债发行人未及时补足预备用于交换的股票或预备用于交换的股票出现司法冻结等原因，导致投资者换股失败的，由发行人承担所有责任。

上交所

深交所

► 许多 IQ 很高的人却是糟糕的投资者,原因是他们的品性缺陷。我认为优秀的品性比大脑更重要,你必须严格控制那些非理性的情绪,你需要镇定、自律,对损失与不幸淡然处之,同样地也不能被狂喜冲昏头脑。

► 所谓投资这种游戏就是比别人更好地对未来做出预测。你怎样才能够比别人做出更好的预测呢?一种方法是把你的种种尝试限制在自己能力许可的那些个领域当中。如果你花费力气想要预测未来的每一件事情,那你尝试去做的事情太多了。你将会因为缺乏限制而走向失败。

——查理·芒格(美国伯克希尔—哈撒韦公司副主席)

历史上的今天 2018 年 1 月 19 日,中国在酒泉卫星发射中心用长征十一号固体运载火箭成功发射"一箭六星"。这是中国固体运载火箭首次为国际用户提供发射,是中国走向国际市场的又一个开始!

2020年·己亥年

19

忌犹豫

农历腊月廿五

一月 星期日

记事：

投资咨询机构及其从业人员利用传播媒介或者通过其他方式提供、传播虚假或者误导投资者的信息，给投资者造成损失的，依法承担赔偿责任。

通用板块

大寒

旧雪未及消，新雪又拥户。

阶前冻银床，檐头冰钟乳。

清日无光辉，烈风正号怒。

人口各有舌，言语不能吐。

——宋·邵雍《大寒吟》

历史上的今天 2017年1月20日，国务院办公厅发布《国务院办公厅关于规范发展区域性股权市场的通知》，规范发展区域性股权市场是完善多层次资本市场体系的重要举措，在推进供给侧结构性改革、促进大众创业、万众创新、服务创新驱动发展战略、降低企业杠杆率等方面具有重要意义。

2020年·己亥年

20

忌心慌

农历腊月廿六

一月 星期一

记事：

　　区域性股权市场实行合格投资者制度。合格投资者应是依法设立且具备一定条件的法人机构、合伙企业，金融机构依法管理的投资性计划，以及具备较强风险承受能力且金融资产不低于50万元人民币的自然人。

通用板块

静静爱，

深深思索，

淡淡释怀。

历史上的今天 2011年1月21日，微信正式上线，微信迅速成为人们普遍的社交、工作方式，截至2019年微信用户突破10亿。

农历腊月廿七

2020年·己亥年

21

宜清醒

一月 星期二

记事：

股东大会通过有关派现、送股或资本公积转增股本提案的，公司应当在股东大会结束后2个月内实施具体方案。

通用板块

离去的都是风景,

留下的才是人生。

历史上的今天 1992年1月22日,全国上下都在讨论姓社姓资的问题,邓小平在深圳迎宾馆发表对股市的看法,提出允许看,但要坚决地试。全国股民备受鼓舞,股市很快迎来了一轮牛市。

2020年·己亥年

22

忌自私

农历腊月廿八

一月 星期三

记事:

科创板与创业板经营机构应当通过电话或短信等渠道,提示其上市公司披露的信息与沪深主板的差异事项,审慎参与科创板与创业板的股票交易。

科创板

创业板

标准比较法（Standard Comparison Method）：

指将当前股票的实际走势与既定标准相比较，以判断当前趋势强弱程度的分析方法。一般分为两步：第一步是对影响股票价格的各要素进行衡量；第二步是加权综合评价，将评价结果作为衡量股票价格高低的标准。

历史上的今天 1995年1月23日，深交所试行实时发布成份股指数及9项分类指数。此前使用全市场指数不尽合理，成分股指数更有代表性。此举使深交所的指数体系更加完善，选样及计算方法更接近国际惯例。

2020年·己亥年

23

宜镇定

农历腊月廿九

一月 星期四

记事：

　　交易所编制综合指数、成份指数、分类指数等证券指数，以反映证券交易总体价格或某类证券价格的变动和走势，随即时行情发布。

上交所

深交所

寒辞去冬雪，暖带入春风。

阶馥舒梅素，盘花卷烛红。

共欢新故岁，迎送一宵中。

——唐·李世民《守岁》

历史上的今天 1984年1月24日，Apple Macintosh 发布，该电脑配有全新的、具有革命性的操作系统（Mac OS），成为计算机工业发展史上的一个里程碑。同年，苹果广告片"1984"在全美的影院上映，引发轰动，1984年是苹果公司具有划时代意义的一年。

2020 年·己亥年

24

宜抢红包

农历腊月三十

一月 星期五

记事：

沪深交易所各个板块年度报告业绩预告不应晚于报告期次年的 1 月 31 日披露。

沪主板

科创板

深主板

中小板

创业板

凡是过去，皆为序章。

——莎士比亚

历史上的今天 2006年1月25日，大鹏证券资不抵债近28亿元宣告破产，这是我国首例证券公司破产。原大鹏投行已被国信证券整体接收，原大鹏经纪业务则被长江证券以数千万元的价格买断。

2020年·庚子年

25

宜祝福

农历正月初一

一月 星期六

记事：

　　高级管理人员的聘任，应当严格依照有关法律法规和公司章程的规定进行。上市公司控股股东、实际控制人及其关联方不得干预高级管理人员的正常选聘程序，不得越过股东大会、董事会直接任免高级管理人员。

通用板块

▶ 我觉得在中国最激动人心的一点就是,你能够摸索出中国市场上的需求,同时把国内、国外学到的东西,找到很能干的人让它变为现实,实现梦想,我觉得这是中国市场上最激动人心的地方。

▶ 任何一个投资公司想要的是,创造一个很成功的公司。帮助这个公司上市,帮助其取得更多的资金来发展,然后我们退出。退出以后,这个公司还要能够持续地发展,不仅仅是给社会创造更多的财富,也创造更多的就业机会,这样才谈得上成功。

——熊晓鸽(IDG 资本全球董事长)

历史上的今天 1996 年 1 月 26 日,中华人民共和国香港特别行政区筹委会在北京成立,标志着中国政府对香港恢复行使主权的工作进入具体落实阶段。同时,1996 年初股市最低点 512 点到年尾最高点 1258 点,迎来中国股市牛市的一个开端。

2020年·庚子年

26

宜访友

农历正月初二

一月 星期日

记事：

　　机构投资者、分析师、新闻媒体等特定对象到上市公司现场参观、座谈沟通时，公司应当合理、妥善地安排参观过程，避免参观者有机会获取未公开的重大信息。

深主板

中小板

创业板

乾坤未定，

你我皆是黑马。

历史上的今天 2010年1月27日，国务院办公厅下发通知，根据第十一届全国人民代表大会第一次会议审议批准的国务院机构改革方案和《国务院关于议事协调机构设置的通知》精神，为加强能源战略决策和统筹协调，国务院决定成立国家能源委员会，主要负责研究拟订国家能源发展战略，审议能源安全和能源发展中的重大问题，统筹协调国内能源开发和能源国际合作的重大事项。

2020年·庚子年

27

忌争吵

农历正月初三

一月 星期一

记事：

发生可能对上市公司证券及其衍生品种交易价格产生较大影响的重大事件，投资者尚未得知时，上市公司应当立即披露，说明事件的起因、目前的状态和可能产生的影响。

通用板块

► 创新是永远的话题，挑战是我们的动力。我们不会被困难吓倒，越困难我们越有能力，越有信心。只要挑战过，回头再看，没有后悔。

► 一生最大的幸福，不是因为个人得到多少，而是因为我们的存在，让别人更加幸福。

► 只要我认为我做的是对的，就不会有压力，你不能强求每个人都认同你的观点。你觉得对，别人换个立场觉得不对，这没有关系，用时间来检验，没有必要去争执。

——董明珠（格力电器董事长兼总裁）

历史上的今天 2013年1月28日，深交所发布《深圳证券交易所上市公司信息披露直通车业务指引》。它是指上市公司按照深交所业务规则的要求，将拟对外披露的信息公告通过深交所技术平台直接提交给指定披露媒体的一种信息披露方式。该业务运行以来，在提高上市公司披露效率、督促市场主体归位尽责、释放监管资源、降低廉洁从业风险等方面发挥了重要作用。

2020年·庚子年

28

宜唱歌

农历正月初四

一月 星期二

记事：

深交所上市公司信息披露原则上采用直通披露方式，但是上年度信息披露考核结果为 D 的公司除外。上交所可根据上市公司信息披露质量、规范运作程度以及市场情况，对适用直通车业务的信息披露主体进行调整。

上交所

深交所

什么都不能**阻挡**我为**热爱**之事**奉献**笨拙的努力，**无论**何时何地。

历史上的今天 1963年1月29日，周恩来总理在上海科学技术工作会议上讲话指出：我们要实现农业现代化、工业现代化、国防现代化、科学技术现代化，简称"四个现代化"。把我国建设成为一个社会主义强国，关键在于实现科学技术现代化。

农历正月初五　2020 年·庚子年　一月

29

宜接财神

星期三

记事：

董监高应当向公司申报所持有的本公司的股份及其变动情况，在任职期间每年转让的股份不得超过其所持有本公司股份总数的 25%；所持本公司股份自公司股票上市交易之日起一年内不得转让。

通用板块

明天是**所有**上市公司年度业绩预告**截止日**，过了明天还没有**预告**的公司，一般业绩变动幅度就不会太大了。

历史上的今天 2019年1月30日，中国证监会发布《关于在上海证券交易所设立科创板并试点注册制的实施意见》，上交所随后发布了《关于就设立科创板并试点注册制相关配套业务规则公开征求意见的通知》。此举标志着科创板各种制度正式发布，科创板开板进入倒计时，中国股市注册制正式开始实施。

农历正月初六

2020 年·庚子年

30

忌伤心

一月 星期四

记事：

发行人申请首次公开发行股票并在科创板上市，应当按照中国证监会有关规定制作注册申请文件，由保荐人保荐并向交易所申报。交易所收到注册申请文件后，5 个工作日内做出是否受理的决定。

科创板

▶ 股票投资成功所必需的素质包括：耐心，自立，常识，对痛苦的忍耐力，心胸开阔，超然坚持不懈，谦逊，灵活，愿意独立研究，能够主动承认错误，以及在市场普遍性恐慌中不受影响保持冷静的判断力。

▶ 通常，在几个月甚至几年内公司业绩与股票价格无关。但长期而言，两者之间 100% 相关。这个差别是赚钱的关键，要耐心并持有好股票。

▶ 如果不研究任何公司，你在股市成功的概率，就和打牌时不看自己的牌而能赢钱的概率一样。

——彼得·林奇（美国富达基金管理公司前副总裁，基金史上的传奇人物）

历史上的今天 2004 年 1 月 31 日，国务院发布《国务院关于推进资本市场改革开放和稳定发展的若干意见》（国九条），将发展中国资本市场提升到国家战略任务的高度，提出了包括建立多层次股票市场体系等 9 个方面的纲领性意见，为资本市场的进一步改革与发展奠定了坚实的基础。

2020年·庚子年

31

宜学习

农历正月初七

一月 星期五

记事：

2014年5月8日，国务院发布《国务院关于进一步促进资本市场健康发展的若干意见》，提出要积极稳妥推进股票发行注册制改革，逐步探索符合我国实际的股票发行条件、上市标准和审核方式。证券监管部门依法监管发行和上市活动，严厉查处违法违规行为。

通用板块

并购大师——布鲁斯·沃瑟斯坦

布鲁斯·沃瑟斯坦于20世纪70年代至今,完成了约1000次交易,总价值达2500亿美元,他操作了历史上著名的时代华纳合并案,迪安威特(Dean Witter)、Discover & Co combination与摩根士丹利的合并案,以及KKR收购雷诺兹·纳贝斯克(RJR Nabisco),稳坐华尔街交易撮合之王的宝座。

沃瑟斯坦出生于1947年,是一位犹太人,1971年从哈佛大学获得法律和商业学位后,他先在一家律师事务所里工作,但很快就转行加入第一波士顿公司的并购业务部门,投身自己更感兴趣的投资银行业。在那里,他和另一交易专家约瑟夫·佩雷拉推动了风行20世纪80年代的并购大潮。

沃瑟斯坦有着绝顶聪明的财技和商业智慧,他使用并开创多个并购交易创新战术策略。例如,依靠心理凌弱战术帮助出售企业争取最大的交易价格,也因此获得了"抬价布鲁斯"的称号。难得可贵的是,他将过去30年来改变了商界格局的大出售、大兼并、大收购一一道来,写成《大交易》一书,揭示了现代交易模式的变迁:从20世纪六七十年代开始蓬勃的合并年代,到80年代火药味十足的收购,一直进入到90年代,每笔都动辄几十亿美元的大交易。

沃瑟斯坦于2002年加入老字号投行拉扎德(Lazard)任职CEO,并帮助公司于2005年成功上市。他的经历,也是另一部华尔街经典书籍中的一部分。《最后的大佬:拉扎德投资银行兴衰史》(The Last Tycoons)在2007年横扫全球投行界,堪称投行人必读之书。

他坦诚其成功并没有秘诀,只有最基本的价值观:"只要你始终如一地保持热情,盯住最大的客户,尽全力做到最好,那么你就可以在华尔街的投资银行业立足。"

布鲁斯·沃瑟斯坦
(Bruce Wasserstein,1947.12.25—2009.10.14)
华尔街知名投资银行家,代表作品有《大交易》。

2月

SUN	MON	TUE	WED	THU	FRI	SAT
						1 初八
2 湿地日	3 初十	4 立春	5 十二	6 十三	7 十四	8 元宵节
9 十六	10 十七	11 十八	12 十九	13 二十	14 情人节	15 廿二
16 廿三	17 廿四	18 廿五	19 雨水	20 廿七	21 廿八	22 廿九
23 初一	24 龙头节	25 初三	26 初四	27 初五	28 初六	29 初七

弹簧理论（Spring Theory）：

指造成股价基本趋势变化的市场动力，跟弹簧非常类似。将弹簧压下去，压到再也下不去的时候，压力消失，弹簧就会起来；当弹簧伸展到一定程度达到一个极限时，又会自然收缩。股票也是如此，弹簧的松与紧，其实就是筹码的松与紧。因此，筹码松的时候，市场可能出现调整；筹码紧的时候，市场就是底部。该原理对于把握市场的中长期趋势规律具有重要意义。

历史上的今天 2004年2月1日，证监会决定施行发行上市保荐制度。它是指由保荐人（券商）负责发行人的上市推荐和辅导，核实公司发行文件与上市文件中所载资料是否真实、准确、完整，协助发行人建立严格的信息披露制度，并承担风险防范责任，为投资者挑选出优质拟上市企业。

2020年·庚子年

01

宜开张

农历正月初八

二月 星期六

记事：

保荐机构推荐发行人证券发行上市，应当遵循诚实守信、勤勉尽责的原则，按照中国证监会对保荐机构尽职调查工作的要求，对发行人进行全面调查，充分了解发行人的经营状况及其面临的风险和问题。

通用板块

幸福生活不只在于丰衣足食，也在于碧水蓝天。

历史上的今天 2007年2月2日，证监会发布《上市公司信息披露管理办法》。作为我国首部全面细化规范上市公司信披行为的部门规章，《办法》加大了上市公司大股东、管理层在信息披露方面的责任，同时首次明确上市公司应建立信息披露内部管理制度。

2020 年 · 庚子年

02

宜热爱

农历正月初九

二月 星期日

记事：

应当披露的信息依法披露前，相关信息已在媒体上传播或者公司证券及其衍生品种出现交易异常情况的，股东或者实际控制人应当及时、准确地向上市公司做出书面报告，并配合上市公司及时、准确地公告。

通用板块

生活有**望穿秋水**的期待，也会有意想不到的**欣喜**。

历史上的今天 1998年2月3日，开源（Open Source）一词诞生，全称为开放源代码。开源软件最大的特点是开放，也就是任何人都可以得到软件的源代码，加以修改学习，甚至重新发放。开源给信息技术产业带来了巨大发展。

2020年·庚子年

03

忌恶意

农历正月初十

二月 星期一

记事：

　　董事由股东大会选举或者更换，并可在任期届满前由股东大会解除其职务。

通用板块

立春

立春一日，百草回芽。

历史上的今天 1994年2月4日，中国科技人员成功在室温条件下实现了固体表面原子的操纵和移植工作，使中国在纳米科技这一尖端领域走在国际科技前沿。纳米技术影响面极广，向各个领域的渗透能力相当强，可以带动很多行业的发展。科学家认为，纳米技术将成为第5次推动社会经济各领域快速发展的主导技术。

2020年·庚子年

04

宜野餐

农历正月十一

二月 星期二

记事：

　　网下投资者的每个股票配售对象仅能注册两个证券账户（沪、深交易所各一个）和一个银行账户，用于参与首发股票网下申购业务。

通用板块

前路浩浩荡荡，

万物尽可期待。

历史上的今天 1994年2月5日，中国第一座核电站大亚湾核电站1号机组建成投入商业运行。大亚湾核电站的建设和运行，成功实现了中国核电建设跨越式发展、后发追赶国际先进水平的目标，为中国核电事业发展奠定了基础，为粤港两地的经济和社会发展做出贡献。

2020 年 · 庚子年

05

忌独行

农历正月十二

二月　星期三

记事：

在科创板首发股票初步询价环节，参与询价的网下投资者可以为其管理的不同配售对象账户分别填报一个报价，每个报价应当包含配售对象信息、每股价格和该价格对应的拟申购股数。

科创板

▶ 方向的重要性先定性后定量。战略比战术重要、道比术重要。不以基本面分析为基础的金融工程是空中楼阁。宁要正确的模糊,也不要错误的精确。

▶ 投资成功的第一要义是避免大亏,有人形容地产界的成功秘诀是"地段地段还是地段",那么投资界的成功要义是"不要亏损不要亏损还是不要亏损"。高尔夫比赛中的最后赢家不一定是频现小鸟、老鹰,但切忌打爆。投资人也是如此,切忌打爆,大亏。平庸和精彩交替的结果是惊人的复合收益率。

——裘国根(上海重阳投资管理公司董事长)

历史上的今天 1959年2月6日,美国工程师杰克·基尔比为他发明的第一个集成电路申请专利。2000年,他因集成电路的发明被授予诺贝尔物理学奖。迄今为止,对人类的改变极大的个人电脑、移动电话等3C产品,皆源于他的发明。

2020 年 · 庚子年

06

宜聆听

农历正月十三

二月 星期四

记事：

　　上市公司章程应当规定，股东大会对改变特别表决权股份享有的表决权数量做出决议，应当经过不低于出席会议的股东所持表决权的 2/3 以上通过，但将相应数量特别表决权股份转换为普通股份的除外。

科创板

一个人最**高贵**的品质是踏实。一味地紧张和**焦虑**没有一点实质性的帮助，与其有时间去纠结，倒不如认真地**选好**一个自己最喜欢的方向踏实**努力**。踏实地走好每**一小步**，你就会离**目标**越来越近。

历史上的今天 2014年2月7日，国务院印发《注册资本登记制度改革方案》，此次改革的核心，就是注册资本由实缴登记制改为认缴登记制，并放宽注册资本登记条件。上述改革对于创业者而言，意味着注册公司"门槛"和创业成本最大限度地降低，从而激发了市场主体的创业热情。

农历正月十四

2020 年 · 庚子年

07

宜疯狂

二月　星期五

记事：

　　公司股东认缴的出资总额或者发起人认购的股本总额（即公司注册资本）应当在工商行政管理机关登记。公司股东（发起人）应当对其认缴出资额、出资方式、出资期限等自主约定，并记载于公司章程。

通用板块

东风夜放花千树，更吹落，星如雨。宝马雕车香满路。凤箫声动，玉壶光转，一夜鱼龙舞。

——宋·辛弃疾《青玉案·元夕》

历史上的今天 2018年2月8日，招商局港口控股有限公司及普洛斯洛华中国海外控股（香港）有限公司"一带一路"公司债券在深交所成功发行，成为市场首批公开发行的"一带一路"熊猫公司债券。

农历正月十五　2020年·庚子年　二月 星期六

08

宜吃汤圆

记事：

证券交易所应在每次使用风险基金结束后10个工作日内向证监会报送使用报告。

通用板块

价值投资方法（The Method of Value Investing）：

  指价值投资的具体操作策略。在实际操作中，价值投资者主要关注标的公司的经营现状、未来发展和内在价值。价值投资者通过基本分析，运用财务方法演算出上市公司股票的内在价值，并将内在价值与股票同期市场价格比较，找出被低估的股票并买入持有。当股票价格回归内在价值甚至被市场高估时，则选择卖出。

历史上的今天 2015年2月9日，上证50ETF期权于上海证券交易所上市，它是国内首只场内期权品种。这不仅宣告了中国期权时代的到来，也意味着我国已拥有全套主流金融衍生品。经过四年多的发展，上证50ETF期权逐渐被投资者所熟悉，并在近两年成为市场的热点之一，成交量和持仓量稳步提升。

农历正月十六

2020 年·庚子年

09

忌多愁

二月 星期日

记事：

上证50ETF期权的合约标的为"上证50交易型开放式指数证券投资基金"。证券简称为"50ETF"，证券代码为"510050"，基金管理人为华夏基金管理有限公司。

沪主板

▶ 面对激烈的竞争和快速的市场变化，我也很迷茫，常常找不到方向，目标是什么？我在书中寻找，在思想的巨匠间徘徊，每一个战略决策都经过无数的煎熬。

▶ 预测未来最好的方法是亲身参与到当中。

▶ 看任何一个企业的发展，要看谁能够成为时间的朋友，谁到最后谁才是时间的朋友，谁就是胜利。你跟时间成为一年的朋友，那不是一个基业常青的企业。时间到了，高下立见，谁高谁低自然会分得清清楚楚。

——方洪波（美的集团董事长兼总裁）

历史上的今天 1999年2月10日，腾讯QQ诞生，它支持在线聊天、视频通话、点对点断点续传文件、共享文件、网络硬盘、自定义面板、QQ邮箱等多种功能，并可与多种通讯终端相连。目前QQ已成为国内最成功的即时聊天软件。

农历正月十七

2020年·庚子年

10

忌多愁

二月 星期一

记事：

ST和*ST等被实施特别处理的股票价格涨跌幅限制比例为5%。

上交所

深交所

生命太短,没有时间给你一直留遗憾,若是还没到终点,请记得保持微笑一直向前。

历史上的今天 1908年2月11日,发明大王爱迪生获得电影放映机专利权。电影给人类带来的影响和财富难以估量,他的发明直接改变了人类的文明进程。

农历正月十八

2020 年·庚子年

11

宜探索

二月　星期二

记事：

　　上市公司控股股东、实际控制人不得限制或者阻挠中小投资者行使合法权利，不得损害公司和中小投资者的权益。

通用板块

人生是一场自我完善的**修行**，所有的经历，无论**悲喜**，都为塑造更完美的**自己**，待那时，即使青春不再，年华已逝，也终究会遇见**最美**的自己。

 2001年2月12日，由美、英、法、德、日和中国6国的科学家共同参与的国际人类基因组，通过对人类23对染色体DNA大规模地测序，最终绘制了一张类似化学元素周期表的人类基因组精确图谱，并公布了初步分析结果。这个被誉为生命科学"登月计划"的研究项目取得了重大进展，为人类揭开自身奥秘奠定了坚实的基础。

2020年·庚子年

12

宜思辨

农历正月十九

二月 星期三

记事：

上市公司控股股东、实际控制人在信息披露文件中的承诺须具体可操作，特别是应当就赔偿或者补偿责任做出明确承诺并切实履行。上市公司应当明确接受投资者问询的时间和方式，健全舆论反应机制。

通用板块

▶ 错误并不可耻,可耻的是错误已经显而易见了却还不去修正!

▶ 股票价格距真正的价值很远,这就创造了赚钱的良机。

▶ 判断对错并不重要,重要的在于正确时获取了多大利润,错误时亏损了多少。

——乔治·索罗斯(美国索罗斯基金管理公司主席)

历史上的今天 2000年2月13日,证监会发布向二级市场投资者配售新股的通知,它是指在新股发行时,将一定比例的新股由上网公开发行改为向二级市场投资者配售,投资者根据其持有上市流通证券的市值和折算的申购限量,自愿申购新股。由于新股发行不再冻结打新资金,对市场影响正面,第二天大盘大涨,接近涨停收盘。

2020 年·庚子年

农历正月二十

13

宜欢笑

二月 星期四

记事：

网下和网上投资者申购新股、可转换公司债券、可交换公司债券获得配售后，应当按时足额缴付认购资金。网上投资者连续12个月内累计出现3次中签后未足额缴款的情形时，6个月内不得参与新股、可转换公司债券、可交换公司债券申购。

通用板块

当**爱情**发言的时候,就像诸神的**合唱**,使整个天界都**陶醉**于仙乐之中。

历史上的今天 1946年2月14日,世界上第一台计算机诞生,这是人类最伟大的技术发明之一。它的出现和广泛应用把人类从繁重的脑力劳动中解放出来,在社会各个领域中提高了信息的收集、处理和传播的速度与准确性,直接加快了人类向信息化社会迈进的步伐,是科学技术发展史上的里程碑。

2020年·庚子年

14

宜浪漫

农历正月廿一

二月 星期五

记事：

投资者使用"12386"中国证监会服务热线进行投诉的,应当提供以下信息:姓名(名称),有效身份证件信息,联系方式,明确的投诉对象及其所在地,具体的投诉请求、事实和理由。

通用板块

如果**真苦**，你哪有时间喊累。

如果**真惨**，你哪有时间觉得丢脸。因为**承受**得还不够，所以你才有时间**抱怨**。

历史上的今天 2000年2月15日，新世纪第一个百元股亿安科技诞生，两天后创出126元新高，引起了市场的极大震动。后证监会查明该股涉嫌操纵股价，对联手违规操作亿安科技股票的广东欣盛投资顾问有限公司等4家公司做出重罚，罚没款近9亿元。

2020年·庚子年

15

忌郁闷

农历正月廿二

二月 星期六

记事:

致使相关证券当日价格达涨幅限制价位或跌幅限制价位或形成虚拟的价格水平,或者致使相关证券当日交易量异常放大或萎缩或形成虚拟的交易量水平的,可认定为影响证券交易价格或者证券交易量。

通用板块

顺势投资法（Momentum Investing Method）：

指顺着股价的变动趋势进行股票买卖的方法，即整个股市大势向上时，应当做多头交易或者买进股票；而当整个股市趋于向下时，则应当卖出所拥有的股票，持有现金伺机而动。采用顺势投资法的关键问题有两个：一是投资者必须正确判断股票价格是上升趋势还是下降趋势，二是投资者必须及早地发现趋势的形成。

历史上的今天 1978年2月16日，首个BBS诞生，它是所有社交软件的前身，在国内一般称作网络论坛。除最早的计算机爱好者之外，商用BBS操作者、环境组织、宗教组织及其他利益团体也加入了这个行列，开启了互联网发展新纪元。

农历正月廿三

2020 年·庚子年

16

宜突破

二月　星期日

记事：

  持有特别表决权股份的股东应当为对上市公司发展或者业务增长等做出重大贡献，并且在公司上市前及上市后持续担任公司董事的人员或者该等人员实际控制的持股主体。

科创板

你给自己一个**高度**,

世界总会还你一个**尺度**。

历史上的今天 1978年2月17日,《人民日报》转载了作家徐迟的报告文学《哥德巴赫猜想》。陈景润1973年发表了(1+2)的详细证明,在国际数学界引起了轰动,被公认为是对哥德巴赫猜想研究的重大贡献。他的成果被国际数学界称为"陈氏定理",写进了美、英、法、苏、日等国家的数论书中。陈景润勇于攀登科学高峰的精神,激励了一代中国青年。

2020年·庚子年

17

宜想象

农历正月廿四

二月 星期一

记事:

董事、监事报酬事项由股东大会决定。

通用板块

人生没有**如果**，

只有**后果**和结果。

历史上的今天 2003年2月18日，湘财合丰基金公司3只行业类别基金获准一次性同时发行，伞型基金开始登陆中国基金市场。它是指在一个母基金之下再设立若干个子基金，各子基金独立进行投资决策的基金运作模式。投资者可根据市场行情的变化以及各子基金的经营业绩情况，方便地选择和转换不同的子基金。

2020 年 · 庚子年

18

农历正月廿五

二月 星期二

忌浪费

记事:

___

___

___

___

___

___

___

    基金管理人应当在每个工作日办理基金份额的申购、赎回业务；基金合同另有约定的，从其约定。投资人交付申购款项，申购成立；基金份额登记机构确认基金份额时，申购生效。基金份额持有人递交赎回申请，赎回成立；基金份额登记机构确认赎回时，赎回生效。

通用板块

当**全世界**约好一起下雨,让

我们**约好**一起在心里*放晴*。

历史上的今天 2001年2月19日,证监会宣布B股将向境内投资者开放,随后,上证B股指数从2月23日的83点上涨到最高5月31日的241点,上涨幅度达190%;深证B股指数从2月23日的126点上涨到最高5月28日的445点,上涨幅度达253%。6月1日开始,境内资金获准入市,此后B股大跌,入市资金被严重套牢。

2020年·庚子年

19

宜绽放

农历正月廿六

二月 星期三

记事：

　　董监高发生短线交易，股东有权要求董事会在30日内收回其所得收益。公司董事会未在上述期限内执行的，股东有权为了公司的利益以自己的名义直接向人民法院提起诉讼。

通用板块

用**心甘情愿**的态度，

去过**随遇而安**的生活。

历史上的今天 1997年2月20日，邓小平逝世消息传出。此前市场已多次传闻该消息而出现大幅波动，消息证实后，当天大盘先跌后涨，从最低点870点上涨5.39%。

农历正月廿七

2020年·庚子年

20

忌单调

二月 星期四

记事：

　　股东自行召集的股东大会，会议所必需的费用由上市公司承担。

通用板块

► 任何产品都只是一个工具，对工具来说，好的工具就是应该最高效率地完成用户的目的，然后尽快地离开。

► 自古套路得人心，这是一个套路的舞台，如果要做套路，请高级一点。

► 善良比聪明更重要，AI 可以比你更聪明，更比你懂套路，但是你比 AI 更善良。

——张小龙（腾讯公司高级副总裁）

历史上的今天 1992 年 2 月 21 日，上海电真空 B 股在上海证券交易所登场亮相，这是证券市场首只 B 股。B 股的正式名称是人民币特种股票，它的注册地和上市地都在境内。B 股以人民币标明面值，在沪深交易所上市交易，其中沪市以美元交易，深市以港币交易。

农历正月廿八

2020年·庚子年

21

宜淡然

二月 星期五

记事：

公司发行的境内上市外资股（B股），采取记名股票形式，以人民币标明面值，以外币认购、买卖，在境内证券交易所上市交易。发行境内上市外资股的公司向境内投资人发行的股份，采取记名股票形式。

通用板块

岁月**漫长**,终会有一人

陪你骑马喝酒**走四方**。

历史上的今天 1956年2月22日,美籍华人科学家李政道和杨振宁共同发表了一篇文章,提出宇称不守恒定律,他们推翻了被物理学界奉为金科玉律的宇称守恒定律,成功挑战爱因斯坦理论,被认为是现代物理学的重大突破,因此被授予诺贝尔奖。这也是华人首次登上诺贝尔奖的领奖台。

农历正月廿九

2020年·庚子年

22

宜守望

二月 星期六

记事：

投资者应当在了解产品或者服务情况，听取经营机构适当性意见的基础上，根据自身能力审慎决策，独立承担投资风险。

通用板块

过度反应/反应不足（Over Reaction / Under Reaction）：

指投资者对最近的价格变化赋予过多的权重，对近期趋势的外推导致与长期的平均值不一致。反应不足是指证券价格对影响公司价值的基本面消息没有做出充分的反应。通常情况下，投资者会对导致价格变化的消息反应不足，他们认为这些信息很平常，并由于锚定、认知偏差等而忽视这些消息。

历史上的今天 1995年2月23日，"3·27国债期货事件"爆发。以万国证券为代表的空头和以中经开为代表的多头在国债期货市场对赌存款贴补率，万国证券在最后7分钟违规砸盘，上交所宣布最后7分钟交易无效。万国证券的巨额收益化为泡影，时任万国证券总裁因此入狱。

农历二月初一

2020 年·庚子年

23

宜惜时

二月　星期日

记事：

- -

　　投资者不按照规定提供相关信息，提供信息不真实、不准确、不完整的，应当依法承担相应法律责任，经营机构应当告知其后果，并拒绝向其销售产品或者提供服务。

通用板块

又到**青龙节**,惟祈雨水充。

阖家**酿酒美**,垄亩岁粮丰。

历史上的今天 2005年2月24日,中国资本市场首只ETF上证50ETF登场。该基金采取被动式投资策略,具体使用的跟踪指数的投资方法主要是完全复制法,追求实现与上证50指数类似的风险与收益特征。指数基金在国外是比较成熟的产品,中国引入这一产品,为投资者在买卖股票之外提供了更多选择。

农历二月初二

2020 年 · 庚子年

24

宜理发

二月 星期一

记事:

交易型开放式指数基金(ETF)是指经依法募集,在交易所上市,投资于组合证券或基金合同约定的其他投资标的的开放式基金,其基金份额使用组合证券、现金或者基金合同约定的其他对价按照"份额申购、份额赎回"的方式进行申赎。

沪主板　　深交所

▶ 如果你觉得错了,赶快退出来,股市不像房地产那样需要很长时间办理手续,才能改正。你是随时可以从中逃出来的。你需要有较多的精力,对数字快速反应的能力,更重要的是要有常识。你应该对你做的事情有兴趣。

▶ 时机可能不能决定所有事情,但时机可以决定许多事情。本来可能是一个好的长线投资,但是如果在错误的时间买入,情况会很糟。有的时候,如果你适时购入一支高投机股票,你同样可以赚钱。优秀的证券分析人可以不追随市场大流而做得很好,但如果顺潮流而动,操作起来就更简单些。

——罗伊·纽伯格(美国共同基金之父)

历史上的今天 1992年2月25日,深圳证券交易所正式启用电脑自动撮合竞价系统,实现了由手工竞价作业向电脑自动撮合运作的过渡,方便投资者迅速安全地实现投资交易。

2020 年・庚子年

25

忌浮躁

农历二月初三

二月 星期二

记事：

　　会员应当以贴近市场、贴近大众的方式开展投资者教育工作，努力创新投资者教育方式方法，切实提高投资者教育的效果，深入了解投资者需求，提供差异化投资者教育服务。

上交所　　深交所

父母总是以为我不会长大，他们错了。我总是以为父母不会变老，我也错了。

历史上的今天 2001年2月26日，中国证监会发布《亏损上市公司暂停上市和终止上市实施办法》。对连续3年亏损的上市公司，就暂停上市、恢复上市和终止上市的条件、法律程序、信息披露、处理权限等事宜做出了详细规定。《办法》的发布，标志着我国证券市场的退出机制正式出台。

2020年·庚子年

26

宜顿悟

农历二月初四

二月 星期三

记事：

证券法规定公司最近3年亏损，交易所可决定暂停其股票上市交易，且在其后一个年度内未能恢复盈利的，交易所可决定终止其股票上市交易。

通用板块

若,**晴天和日**,就淡赏闲云;

若,**风雨敲窗**,就且听风吟。

历史上的今天　1995年2月27日,巴林银行新加坡公司期货经理尼克·里森投资日经225股指期货失利,合计损失达14亿美元。一家经营百年的银行因一个交易员的操作失误承受巨额损失,最终巴林银行无力继续经营而宣布破产。

2020年·庚子年

27

宜潇洒

农历二月初五

二月 星期四

记事：

上市公司可多渠道、多层次地与投资者进行沟通，沟通方式应尽可能便捷、有效，便于投资者参与。

通用板块

创业板、科创板**年度报告**预约披露时间在 3~4 月份的公司，应在 2 月底之前披露年度**业绩快报**。

历史上的今天 2002 年 2 月 28 日，张卫星在新浪网发表文章《非流通股的全流通解决方案》，提出同股同钱，按认购价格拆细方案。随后掀起了全流通方案大讨论，华生和李振宁等名家都参与讨论并提出自己的方案。此次讨论持续到 2005 年，为最后的股权分置改革送股方案打下了理论基础和舆论基础。

农历二月初六

2020 年·庚子年

28

宜练字

二月 星期五

记事：

科创板发行人具有表决权差异安排的，市值及财务指标应当至少符合下列标准中的一项：（1）预计市值不低于人民币 100 亿元；（2）预计市值不低于人民币 50 亿元，且最近一年营业收入不低于人民币 5 亿元。

科创板

利乘法（Multiplication Rules）：

指在股市向上的前提下不断增仓的一种投资方法。即在股价的上升过程中，分批购进某种股票，随着股价的上涨，所持股票经不断地加码也愈来愈多。但一旦大势反转向下而跌至某一点时，就迅速将所持股票一并卖出。利乘法是采用了"买涨不买跌"的追价策略，在多头市场中，一般是能有利可图的。如若遇上暴涨行情，往往则能获利更丰。若把握不好，有时可能在最高价大量买入，而在行情反转时，又没有及时脱手，终致重大亏损。

历史上的今天 2012年2月29日，微软在巴塞罗那移动世界大会(MWC)上宣布了Windows 8消费者预览版。Windows 8是对云计算、智能移动设备、自然人机交互等新技术新概念的全面融合，也是"三屏一云"战略的一个重要环节。截至2019年8月8日，微软市值达1.03万亿美元。

2020年·庚子年

29

忌逃避

农历二月初七

二月 星期六

记事：

上市公司采用集中竞价交易方式回购股份的，其交易申报应当符合下列要求：（一）申报价格不得为公司股票当日交易涨幅限制的价格；（二）不得在本所开盘集合竞价、收盘前半小时内及股票价格无涨跌幅限制的交易日内进行股份回购申报。

沪主板　　深交所

"指数基金教父"——约翰·博格尔

约翰·博格尔,曾经是坚定的主动基金管理支持者,但到了20世纪70年代,情况发生了变化。

花了19年的时间,普林斯顿大学经济系毕业的博格尔从基层职员做起,38岁时成为威灵顿公司的CEO。1966年已为威灵顿管理公司接班者的博格尔与波士顿一家公司合并,以处理威灵顿管理公司问题,但随后因1973~1974年期间的股市下跌造成严重亏损,使得博格尔在董事会上被投票表决撤职。

这次失败的并购让博格尔失去了CEO的位置,却转换成他一生最大的成功,用创新改变了投资行业。

1975年,46岁的博格尔另起炉灶,成立先锋共同基金公司,于1976年8月31日推出世界上第一只指数基金——先锋500指数基金,开创了免申购赎回费基金和低成本的指数型投资策略,也开创了一个全新的投资时代。刚开始这只基金成长缓慢,发展客户主要依靠"口碑相传"。1983年股票市场风头强劲,指数基金的低管理费引起市场关注,博格尔管理的资产开始迅速攀升,公司的客户群也向养老金、保险公司等机构投资者延伸。

"先锋号"在美国共同基金业航行四十多个年头,从最初的基金投资者发展成为投资者服务的综合金融机构,涉及全球各大市场,横跨共同基金、ETF、FOF和养老投资产品等多个领域。到2018年,先锋集团管理资产已经超过5.1万亿美元,成为世界上最大的不收费基金家族、世界上第二大基金管理公司。

巴菲特曾在2017年的伯克希尔年报中写道:"如果要树立一座雕像来纪念为美国投资者做出最大贡献的人,最明智的选择应该是约翰·博格尔。"

约翰·博格尔
（John Bogle，1929.5.8—2019.1.16）

美国投资大师，指数基金的创始人，全球第二大基金管理公司先锋集团（Vanguard）创始人。代表作品有《共同基金常识：聪明投资者的新要求》。

3月

SUN	MON	TUE	WED	THU	FRI	SAT
1 初八	2 初九	3 初十	4 十一	5 惊蛰	6 十三	7 十四
8 妇女节	9 十六	10 十七	11 十八	12 植树节	13 二十	14 廿一
15 消费者权益日	16 廿三	17 廿四	18 廿五	19 廿六	20 春分	21 廿八
22 廿九	23 三十	24 初一	25 初二	26 初三	27 初四	28 初五
29 初六	30 初七	31 初八				

▶ 大多数优秀的长线投资者往往是学历史出身,或者像查理·芒格一样将一生中大量的精力投入于人类行为和历史的研究。

▶ 在互联网时代,在中国这块土壤上,那些短期暴利的行业和上市公司都会迅速地变成投机者的坟场。

▶ 我们过去 10 年的投资经验证明,从看公司到动手花费 2~3 年,成功的概率会大增。

——归江(上海信璞投资管理公司合伙人)

历史上的今天 2004 年 3 月 1 日,中国证监会在各省、自治区、直辖市、计划单列市的派出机构统一正式更名为证券监管局。

农历二月初八

2020年·庚子年

01

宜仰望

三月　星期日

记事：

中国证监会派出机构受中国证券监督管理委员会垂直领导，依法以自己的名义履行监管职责。

通用板块

故事的开头总是这样，适逢其会，猝不及防。故事的结局总是这样，花开两朵，天各一方。

历史上的今天 1993年3月2日，我国接入Internet的第一根专线正式开通，它是中科院高能物理研究所租用ATT公司的国际卫星接入美国斯坦福线性加速器中心的64K专线。中国从此步入互联网时代。

2020 年·庚子年

02

宜低调

农历二月初九

三月 星期一

记事：

投资人在虚假陈述实施日及以后，至揭露日或者更正日之前买入该证券的，人民法院应当认定虚假陈述与损害结果之间存在因果关系。

通用板块

最短的距离是从手到嘴,

最长的距离是从**说到做**。

历史上的今天 1999年3月3日,在深圳率先开始试点由证券公司代理开户业务。证券公司营业网点众多,吸引了更多的投资者进入资本市场。

2020 年·庚子年

农历二月初十

03
宜散步

三月　星期二

记事：

　　证券竞价交易按价格优先、时间优先的原则撮合成交。价格优先的原则为：较高价格买入申报优先于较低价格买入申报，较低价格卖出申报优先于较高价格卖出申报。时间优先的原则为：买卖方向、价格相同的，先申报者优先于后申报者。先后顺序按交易主机接受申报的时间确定。

上交所

深交所

最好的生活，无非就是白天有说有笑，晚上还可以睡个好觉。

历史上的今天 2019年3月4日，《上海证券交易所科创板股票发行上市审核问答》正式发布，问答涉及16个方面的内容，全面解答了券商和市场相关人士关注的重点和疑难问题，对于券商保荐、发行人提出申请，都具有很好的指导作用。至此，科创板配套规则进一步明晰。

2020年·庚子年

04

宜依赖

农历二月十一

三月 星期三

记事：

___

　　为增强科创板的包容性，《科创板上市规则》以市值为中心，结合净利润、营业收入、研发投入和经营活动产生的现金流量等财务指标，设置了多套上市标准。包括通用上市标准、红筹企业适用的上市标准及具有表决权差异安排的发行人适用的上市标准。

科创板

惊蛰

盼明年春天,徒步乱走江南,

看尽雨中花色。

历史上的今天 1994 年 3 月 5 日,《中华人民共和国台湾同胞投资保护法》公布实施,该法有力地保护和鼓励台湾同胞投资,促进海峡两岸的经济发展。截至 2019 年,已经有超过 30 家台资企业在大陆 A 股上市融资。

2020 年 · 庚子年

05

忌自卑

农历二月十二

三月 星期四

记事：

　　网下投资者在科创板首发股票初步询价环节为配售对象填报拟申购数量时，应当根据实际申购意愿、资金实力、风险承受能力等情况合理确定申购数量，拟申购数量不得超过网下初始发行总量，也不得超过主承销商确定的单个配售对象申购数量上限。

科创板

绿票讹诈（Green Mail）：

由 green（美元的俚称）和 blackmail（讹诈函）两个词演绎而来，指投机者购买公司大量股票，企图加价出售给公司收购者，或者是以更高的价格把股票卖回给公司。其主要目的是迫使目标公司溢价回购上述股票（进行讹诈）。出于防止被收购的考虑，目标公司以较高的溢价实施回购（给付赎金），以促使上述股东将股票出售给公司，放弃进一步收购的打算。

历史上的今天 1991年3月6日，国务院发出《关于批准国家高新技术产业开发区和有关政策规定的通知》，决定继1988年批准北京市新技术产业开发试验区之后，再选定武汉东湖新技术开发区等26个开发区作为国家高新技术产业开发区。高新区政策孕育了北京中关村、中国光谷等科技创新上市公司集聚地。

2020 年 · 庚子年

06

宜喝奶茶

农历二月十三

三月 星期五

记事：

　　沪主板有效申购总量大于网上发行总量时，主承销商在公证机构监督下根据总配号量和中签率组织摇号抽签，每一个中签号可认购 1000 股新股，深交所、科创板的每一个中签号可认购一个申购单位为 500 股的新股，深交所的每一个中签号码可以认购一个申购单位新股。

沪主板

科创板

深交所

► 当你的心智极度开放的时候,你才能学会独立思考。

► 正视你所不知道的事、你的错误、你的弱点,对这些东西的理解会成就你的人生。

► 每个人都该有自己的原则:每个人都应该写下你自己的工作和生活原则,然后把这些工作和生活原则转变成为一种算法。把这样的算法用于你的决策,这样做你就会非常强大。我个人最重要的原则是,我希望我能拥有有意义的工作和有意义的人际关系,而实现他们的最好方式就是极度求真和绝对透明。

——雷·达里奥(桥水基金创始人)

历史上的今天 2011年3月7日,港交所实行延长交易时间第一阶段,港股与A股同步开市,为日后深港通、沪港通的开通奠定基础。

农历二月十四

2020年·庚子年

07

宜睡懒觉

三月　星期六

记事：

　　2014年上交所启动沪港通试点，由上海证券交易所下属的中国投资信息有限公司作为上交所证券交易服务公司提供港股通服务；2016年深交所启动深港通，由深圳证券交易所下属的中国创盈市场服务有限公司作为深交所证券交易服务公司提供港股通服务。

沪主板

深交所

妇女节

无论清风来与不来，我们都要

为自己盛开。

历史上的今天 2018年3月8日，工业富联首发申请获得通过，审核时间前后仅36天。中国证监会此前为包括生物科技、云计算、人工智能、高端制造在内的四类独角兽IPO开通快速通道，对其招股书审批时间、盈利情况、财务数据都有所放宽。这成为工业富联选择A股上市，并迅速完成IPO过会的重要原因之一。

2020年·庚子年

08

宜打扮

农历二月十五

三月 星期日

记事：

　　强制退市公司股票应当统一在全国中小企业股份转让系统设立的专门层次挂牌转让。

通用板块

▶ 创新不是口头上的,是要在实践当中体现出来;创新的思想解放,不是只在今天思想解放了,而是明天时代变了,你跟不上也不行。所谓创新,是永无止境的一个创新。

▶ 所有事情,从某种意义上讲,硬件是重要的,但只是必要条件,充分条件则是能不能真正有合格的人去把它做成。改革开放给你提供了这个外部条件,但是重要的是你自己来做。

▶ 什么叫不简单?能够把简单的事情天天做好,就是不简单;什么叫不容易?容易的事情,你非常认真地做好它,就是不容易。

——张瑞敏(海尔集团董事局主席、首席执行官)

历史上的今天 2016 年 3 月 9 日,谷歌 AlphaGo 执白中盘胜李世石 1 比 0 领跑人机大战,成为第一个击败人类职业围棋选手、第一个战胜围棋世界冠军的人工智能机器人,其主要工作原理是"深度学习"。

2020年·庚子年

09

宜拼搏

农历二月十六

三月 星期一

记事：

　　上市公司股票实施重大违法强制退市的，在5个交易日内，深交所向公司发出事先告知书，上交所向公司发出认定意见公告书。上市公司应当在收到告知书后及时披露。

上交所

深交所

我们始终都在练习**微笑**，终于变成**不敢**哭的人。

历史上的今天 1876年3月10日，贝尔发明电话，揭开了人类崭新的交往史。

2020年·庚子年

10

忌滥情

农历二月十七

三月 星期二

记事：

股票退市整理期间，交易所公布其当日买入、卖出金额最大的5家会员证券营业部的名称及其各自的买入、卖出金额。

沪主板

深交所

保本投资法（Capital Guaranteed Investment Rules）：

　　指投资者在股市行情涨跌变化时采用的避免或减少自己资本损失的一种投资方法。投资者要确定自己需要保的"本"，然后据此确定获利卖出点和停止损失点。这里的"本"并不是投资者用于股票投资的全部资本，而是其不愿意损失的那部分金额。确定获利卖出点是当股市行情上涨时采取的保本投资策略。确定停止损失点是股市行情下跌时采取的保本策略。

历史上的今天 1995年3月11日，中美正式签署关于知识产权的协议。随着这一协议的签署，打破了中美贸易关系中的僵局，为中国后来加入WTO奠定基础。

2020年·庚子年

11

宜打扮

农历二月十八

三月 星期三

记事：

引导上市公司股东大会全面采用网络投票方式。积极推行累积投票制选举董事、监事。上市公司不得对征集投票权提出最低持股比例限制。

通用板块

植树节

种一棵树最好的时间是十年前，其次是现在。

历史上的今天 1984年3月12日，六届全国大大常委会第四次会议通过《中华人民共和国专利法》，当年4月1日起实行。专利法的通过可有效鼓励发明创造，推动发明创造的应用，提高创新能力，促进科学技术进步和经济社会发展。如今上市公司拥有专利数量的多少，已成为投资者判断上市公司价值的重要指标之一。

2020年·庚子年

12

宜植树

农历二月十九

三月 星期四

记事：

对上市公司违法行为负有责任的控股股东及实际控制人，应当主动、依法将其持有的公司股权及其他资产用于赔偿中小投资者。

通用板块

有时候你以为天要**塌下来**了，

其实是自己**站歪**了。

历史上的今天 2017年3月13日，3只传统基础设施领域政府和社会资本合作（PPP）项目资产支持证券化产品在上交所成功发行，标志着证监会和发改委推进的PPP项目资产证券化试点产品正式落地。

农历二月二十

2020 年·庚子年

13

宜自立

三月 星期五

记事：

　　资产证券化是基础设施领域重要的融资方式之一，对盘活 PPP 项目存量资产、加快社会投资者的资金回收、吸引更多社会资本参与 PPP 项目建设具有重要意义。

通用板块

▶ 选股没有秘密：我们选择企业的标准：长期稳定的经营历史；高度的竞争壁垒，甚至是垄断型企业，最好是非政府管制型垄断；管理者理性、诚信，以股东利益为重；财务稳健；负债不高而净资产收益率高，自由现金流充裕；我们能够理解和把握的企业。

▶ 坚守住那些你的生命中不应该丢弃和流失的东西，比如对家国的热爱、对时间的尊重、对市场的敬畏、对亲友的忠诚、良知、原则、人格……这些都是时间的玫瑰，会随着岁月的流逝而更加灿烂。

——但斌（深圳东方港湾投资管理公司董事长）

历史上的今天 2000年3月14日，证监会宣布转配股4月起逐步安排上市。转配股全称"转让配股权"，是指上市公司的国有股和法人股股东将配股权以一定的价格转让给其他股东（主要是个人投资者）的过程，由转配股所形成的个人股暂时不能上市交易。此次证监会采取断然措施，解决这一历史遗留问题，有利于保护投资者利益并推动证券市场发展。

农历二月廿一

2020 年·庚子年

14

宜打扫

三月　星期六

记事：

　　"12386"中国证监会服务热线接收投资者投诉、咨询、意见建议等诉求，不接收信访、举报。投资者提出信访事项，举报证券期货违法违规行为，申请信息公开，申请行政复议等，应当依照法律、行政法规或中国证监会相关规定另行提出。

通用板块

3.15 消费者权益日

对**匠心**的执着，

是心底最坚韧的**锋芒**。

历史上的今天 1989年3月15日，证券交易所研究设计联合办公室（简称联办）在北京成立。联办是中国证券市场的发起者，参与设计了上海、深圳两个证券交易所，并于1992年下半年参与设计国务院监管证券市场的职能机构——中国证监会。

2020 年 · 庚子年

15

宜购物

农历二月廿二

三月 星期日

记事：

公司经营管理发生严重困难，继续存续会使股东利益受到重大损失，通过其他途径不能解决的，持有公司全部股东表决权 10% 以上的股东，可以请求人民法院解散公司。

通用板块

人生哪有那么多**观众**啊,是自己常常入**戏太深**。其实,这个社会没空理你。一切的一切可说**再见**,也可说再也不见。**坦白**说,没什么大不了的。

历史上的今天 2016年3月16日,中国人民银行、国家发展改革委、财政部、中国银监会、中国证监会、中国保监会、国务院扶贫开发领导小组办公室联合印发《关于金融助推脱贫攻坚的实施意见》。证监会据此发布扶贫新政,对全国832个贫困县地区企业IPO、新三板挂牌、发行债券、并购重组等开辟绿色通道。

2020年·庚子年

16

忌淡泊

农历二月廿三

三月 星期一

记事：

鼓励上市公司、证券公司等市场主体设立或参与市场化运作的贫困地区产业投资基金和扶贫公益基金。对积极参与扶贫的私募基金管理机构，将其相关产品备案纳入登记备案绿色通道；在贫困地区组织行业培训、开展业务交流，便利私募投资基金向贫困地区投资。

通用板块

你若**不伤**,岁月**无恙**。

历史上的今天 1992年3月17日,上海联合纺织实业股份有限公司发行我国第一只中外合资企业股票。该公司的前身是中外合资上海联合纺织(集团)公司,1991年12月开始进行股份制改组。该公司股票于1992年3月27日在上海证券交易所挂牌上市。

2020 年 · 庚子年

17

宜谦卑

农历二月廿四

三月 星期二

记事:

　　上市公司章程、股东大会决议或者董事会决议等应当依法合规,不得剥夺或者限制股东的法定权利。

通用板块

► 价值投资不能保证我们盈利，但价值投资给我们提供了走向真正成功的唯一机会。

► 没有公式能判定股票的真正价值，唯一方法是彻底了解这家公司。

► 近年来，我的投资重点已经转移。我们不想以最便宜的价格买最糟糕的家具，我们要的是按合理的价格买最好的家具。

——沃伦·巴菲特（美国伯克希尔·哈撒韦公司 CEO）

历史上的今天 1988年3月18日，国务院发出《关于扩大沿海经济开放区范围的通知》，决定新划入沿海开放区140个市、县，包括杭州、南京、沈阳3个省会城市。此后，国务院又相继决定开放了一批沿江、沿边、内陆和省会城市，形成了多层次、多渠道、全方位开放格局。

农历二月廿五

2020 年 · 庚子年

18

宜热血

三月　星期三

记事：

　　股票依法发行后，发行人经营与收益的变化，由发行人自行负责；由此变化引致的投资风险，由投资者自行负责。

通用板块

你要**学会**长大,一人抵过

千军万马。

历史上的今天 2010年3月19日,首家上市公司分立上市试点工作圆满完成,ST东北高分立为龙江交通和吉林高速,每股东北高速转换为一股龙江交通股份和一股吉林高速,两家公司在上交所顺利挂牌交易。

2020年·庚子年

19

忌多言

农历二月廿六

三月 星期四

记事:

达到一定规模的上市公司，可以依据法律法规、中国证监会和交易所有关规定，分拆业务独立、符合条件的子公司在科创板上市。

科创板

春分到，花枝笑，蜜蜂枝头闹，桃花红，梨花白，春芳至此歇。

历史上的今天 2003年3月20日，美国攻打伊拉克，道指上扬，石油价格上涨。石油价格随着战争结束回落，但是却开始了一轮长期大牛市，远期合约从22美元上涨到2008年的148美元。

2020 年·庚子年

20

宜赏花

农历二月廿七

三月 星期五

记事:

召集人应当在年度股东大会召开 20 日前以公告方式通知各普通股股东(含表决权恢复的优先股股东),临时股东大会应当于会议召开 15 日前以公告方式通知各普通股股东(含表决权恢复的优先股股东)。

通用板块

有限理性（Bounded Rationality）：

赫伯特·亚历山大·西蒙所提出的有限理性认为：第一，知识的局限使人们处理新信息及其相关关系的能力有限；第二，人们对不确定下的"成本—收益"分析的能力有限；第三，情绪的作用可能使人们忽略一些因素而陷入认知不协调，因此，人们的理性是受到局限的，也就是有限理性。在现实的金融市场中，许多投资者经常投资决策犯一些"错误"，或者根据市场上的"噪声"而非信息进行交易，或者根据自己的情绪或冲动进行交易，无法完全避免因为固有的心理偏好和行为偏好所带来的影响。

历史上的今天 2014年3月21日，证监会正式发布《优先股试点管理办法》。优先股是对公司资产、利润分配等享有优先权的股票，能获得稳定分红，风险较小，但对公司事务无表决权。开展优先股试点，有利于为发行人提供灵活的直接融资工具，优化企业财务结构，推动企业兼并重组；有利于丰富证券品种，为投资者提供多元化的投资渠道。

2020 年·庚子年

21

宜发呆

农历二月廿八

三月　星期六

记事：

　　上市公司非公开发行优先股仅向本办法规定的合格投资者发行，每次发行对象不得超过二百人，且相同条款优先股的发行对象累计不得超过二百人。发行对象为境外战略投资者的，还应当符合国务院相关部门的规定。

通用板块

别总是**来日方长**,这世上

回首之间的都是人走**茶凉**。

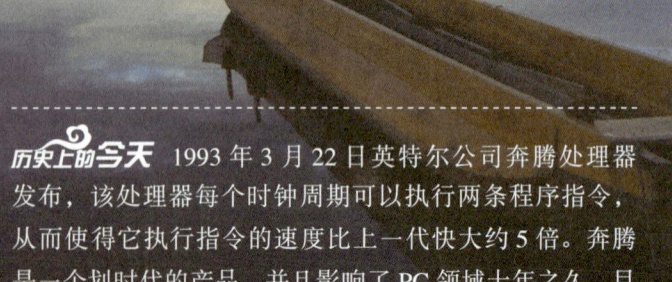

历史上的今天 1993 年 3 月 22 日英特尔公司奔腾处理器发布,该处理器每个时钟周期可以执行两条程序指令,从而使得它执行指令的速度比上一代快大约 5 倍。奔腾是一个划时代的产品,并且影响了 PC 领域十年之久,目前该"名字"依然在沿用,奔腾处理器支持计算机更轻松地集成"现实世界"数据,如语音、声音、手写体和图片等。

2020 年 · 庚子年

22

忌敷衍

农历二月廿九

三月 星期日

记事：

　　上市公司应当建立投资者保护机制，优化投资回报机制，保障投资者的知情权和参与权等权利，切实保护投资者特别是中小投资者的合法权益。

通用板块

愿你三**冬暖**,愿你春**不寒**,愿你天黑有**灯**,下雨有**伞**,愿你路上有良人**相伴**。

历史上的今天 1998年3月23日,依据《证券投资基金管理暂行办法》中国发售首批证券投资基金:金泰、开元、兴华、裕阳、安信五大证券投资基金相继登场,标志着我国机构投资者正式入场。

农历二月三十

2020年·庚子年

23

宜喜悦

三月 星期一

记事：

　　鼓励机构投资者依照法律法规和公司章程，通过参与重大事项决策，推荐董事、监事人选，监督董事、监事履职情况等途径，在上市公司治理中发挥积极作用。

通用板块

万物皆有裂痕，那是光照进来的地方。

历史上的今天 1997年3月24日，北京大唐发电股份有限公司成功在伦敦证券交易所挂牌上市，成为第一家进入欧洲资本市场的中国公司。

2020 年・庚子年

农历三月初一

24

宜乐观

三月　星期二

记事：

　　因继承、赠与、企业分立等非交易行为，公众投资者获得仅限合格投资者参与认购及交易的债券或者合格投资者中的个人投资者获得仅限机构投资者参与认购及交易的债券的，可以选择持有到期或者卖出债券，不得另行买入。

沪主板

深交所

► 什么样的公司值得长期拥有,什么样的公司只能阶段性持有;自我的恐惧和贪婪,宏观经济和通货膨胀。我们需用一生的时间去完善自我的投资理论体系。

► 投资的本质就是分配资本,我们把资本分配给最有核心竞争力、最有效率的企业,从而促进社会的发展。

► 基金的优势首先不体现在一段时间、某只股票赚钱的多少,而是体现在持续控制风险的能力上。风险的量化程度是衡量基金经理专业化程度的标志。在投资界,"活下来"永远是第一位的。

——赵丹阳(深圳前海赤子之心资本管理公司创始人)

历史上的今天 1997年3月25日,国务院证券委发布《可转换公司债券管理暂行办法》,宣布现阶段发行可转换债券的企业范围为国家确定的500家重点国有未上市的公司,发行额度为40亿元。

2020 年 · 庚子年

农历三月初二

25
忌恍惚

三月　星期三

记事：

　　上市公司增发或者发行可转换公司债券，主承销商可以对参与网下配售的机构投资者进行分类，对不同类别的机构投资者设定不同的配售比例，对同一类别的机构投资者应当按相同的比例进行配售。主承销商应当在发行公告中明确机构投资者的分类标准。

通用板块

金字塔型买卖法（Pyramid Trading Rules）：

　　是股票投资的一种操作方法，是分批买卖法的变种。分为金字塔型买入法和倒金字塔型卖出法两种。金字塔型买入法，正金字塔型（即正三角形）的下方基底较宽广且愈往上愈小，当股票股价逐渐上升时，买进的数量应逐渐减少，从而降低投资风险。倒金字塔卖出法是下方较尖小，而愈往上则愈宽广，要求当股票价位不断升高时，卖出的数量应效仿倒三角形的形状而逐渐扩大，以赚取更多的差价收益。

历史上的今天 2001年3月26日，华安基金管理公司被定为首家开放式基金试点单位。对大众投资者来说，开放式基金可以在交易时间按净值申购与赎回，投资者资金管理灵活。

2020 年 · 庚子年

26

宜想念

农历三月初三

三月 星期四

记事:

投资者可持本公司人民币普通股票账户或证券投资基金账户通过场内证券经营机构在上海、深圳证券交易所认购、申购、赎回及交易上市开放式基金份额。投资者可持本公司开放式基金账户通过场外基金销售机构认购、申购和赎回上市开放式基金份额。

通用板块

总之岁月漫长，

然而值得等待。

历史上的今天 2014年3月27日，中国证监会发布《发行监管问答——首发企业上市地选择和申报时间把握等》，明确首发企业可以根据自身意愿，在沪深市场之间自主选择上市地，不与企业公开发行股数多少挂钩，中国证监会审核部门将按照沪深交易所均衡的原则开展首发审核工作。该政策取消了两个市场的原有股本划分，上交所的市场服务范围大幅增加，扭转了沪深交易所审核不均衡的局面。

2020年·庚子年

27

宜团结

农历三月初四

三月 星期五

记事：

　　首发企业上市可在沪深市场之间自主选择上市地，上市地不与企业公开发行股数挂钩，中国证监会审核部门将按照沪深交易所均衡的原则开展首发审核工作。

通用板块

记忆像是倒在掌中的**水**，无论你是摊开还是**紧握**，终究还是会从指缝中一滴滴**流淌**干净。

历史上的今天 2015年3月28日，国家发改委、外交部、商务部联合发布《推动共建丝绸之路经济带和21世纪海上丝绸之路的愿景与行动》，这就是"一带一路"合作倡议。一带一路旨在借用古代丝绸之路的历史符号，高举和平发展的旗帜，积极发展与沿线国家的经济合作伙伴关系，共同打造政治互信、经济融合、文化包容的利益共同体、命运共同体和责任共同体。

2020 年·庚子年

28

宜主动

农历三月初五

三月 星期六

记事：

深股通、沪股通公司应当做好投资者关系管理，充分考虑境外投资者地域的特殊性，积极利用深交所"互动易"平台、上交所"e互动"平台、股东大会、分析师会议、投资者说明会、业绩说明会、媒体说明会等多种渠道进行沟通交流，并及时回复境内外投资者关注事项。

上交所　　深交所

关于**明天**的事，

后天就知道了！

历史上的今天 2001年3月29日，证监会发布《上市公司新股发行管理办法》。该《办法》将本着进一步推进市场化的发行机制和增发与配股兼顾的思路，实行券商推荐制度，通过加大券商的责任，达到增强市场对发行人的约束力、扶优限劣的目的。在市场约束机制不健全的情况下，适当调低效益指标，符合条件的上市公司可以自由选择融资方式。

农历三月初六

2020 年·庚子年

29

宜真心

三月　星期日

记事：

上市公司发行证券，应当由证券公司承销；非公开发行股票，发行对象均属于原前十名股东的，或符合创业板其余要求的，可由上市公司自行销售。

沪主板

深主板

中小板

创业板

年度报告预约披露时间在 3 月 31 日之前的**创业板**上市公司,需在披露年度报告的同时,披露**第一季度**业绩预告。

历史上的今天 2018 年 3 月 30 日,证监会发布《国务院办公厅转发证监会关于开展创新企业境内发行股票或存托凭证试点若干意见的通知》,同年 6 月,小米作为首家 CDR 企业提交证监会审核。而后小米选择在香港上市,主动撤回申请材料。

2020年·庚子年

农历三月初七

30
忌自缚

三月 星期一

记事：

　　试点企业可根据相关规定和自身实际，选择申请发行股票或存托凭证上市。允许试点红筹企业按程序在境内资本市场发行存托凭证上市；具备股票发行上市条件的试点红筹企业可申请在境内发行股票上市；境内注册的试点企业可申请在境内发行股票上市。

通用板块

- 平常时间,最好静坐,愈少买卖愈好,永远耐心地等候投资机会的来临。

- 如果你是因为商品具有实际价值而买进,即使买进的时机不对,你也不至于遭到重大亏损。

- 市场走势时常会呈现长期的低迷不振。为了避免使资金陷入如一潭死水的市场中,你就应该等待能够改变市场走势的催化因素出现。

——吉姆·罗杰斯(环球旅行投资家)

历史上的今天 2010年3月31日,6家试点券商开始向沪深交易所申报融资融券交易,这标志着经过4年精心准备的融资融券交易正式进入市场操作阶段。

2020年·庚子年

31

宜大笑

农历三月初八

三月 星期二

记事：

　　融资融券交易采用竞价交易方式。交易所会员接受客户的融资融券交易委托后，应当按照交易所规定的格式申报，申报指令应包括客户的信用证券账户号码、融资融券专用交易单元代码、证券代码、买卖方向、价格、数量、融资融券相关标识等内容。

上交所

深交所

"周期大王"——霍华德·马克斯

霍华德·马克斯,是全球第一批高收益债(即著名的垃圾债券)专业机构投资者,以评估市场机会、金融风险的远见卓识而闻名遐迩。

马克斯毕业于沃顿商学院,1969年在第一花旗银行(花旗集团的前身)从事投资业工作,后于1985年加入西部资产管理公司。

马克斯在1987年雇佣了布鲁斯·卡什,1995年他们联合创建美国橡树资本管理公司,专注于另类投资市场。公司擅长在不良债务、公司债(包括高收益债券和高级信贷)、投资控制、可转换证券、房地产和其他上市股票中寻找机会,进行以价值为导向的投资,并进行严格的管理控制。

资料显示,截至2018年6月末,橡树资本管理资产规模约为1216亿美元,其中71%是债权投资,公司不良债权投资管理规模居全球第一。过去22年间,橡树资本的平均年化回报率高达19%,与巴菲特掌管的伯克希尔·哈撒韦公司过去50多年的业绩基本相当。

自20世纪90年代开始,马克斯开始就针对投资者撰写"投资备忘录",并因成功预言科技股泡沫破裂而声名鹊起,"投资备忘录"成为华尔街的必读文件。2005年和2007年,他两次在备忘录中呼吁市场中的狂热参与者一定要冷静观察,未雨绸缪。在危机爆发前一年,马克斯领导橡树组建基金,并在雷曼破产后果断出手,成功抄底了金融危机。

"很多投资人是懒人,不愿做苦工,只去看市场信号来决定买还是卖。"霍华德说。面对不确定性的市场,他的建议是,把投资组合稍作调整,做防守型投资,随时伺机而动。

霍华德·马克斯
(Howard Marks, 1946.4.23—)

垃圾债投资大师、美国橡树资本管理有限公司创始人。代表作品有《投资最重要的事》和《周期》。

4月

SUN	MON	TUE	WED	THU	FRI	SAT
			1 愚人节	2 初十	3 十一	4 清明节
5 十三	6 十四	7 十五	8 十六	9 十七	10 十八	11 十九
12 二十	13 廿一	14 廿二	15 廿三	16 廿四	17 廿五	18 廿六
19 谷雨	20 廿八	21 廿九	22 地球日	23 初一	24 初二	25 初三
26 初四	27 初五	28 初六	29 初七	30 初八		

人生在世，还不是有时笑笑人家，有时给人家笑笑。

历史上的今天 2017年4月1日，中共中央、国务院印发通知，决定设立河北雄安新区。推动京津冀协同发展，不仅要解决京津冀面临的突出问题，而且也是新时期打造国家经济新增长极的需要，被称为千年大计、国家大事。A股市场随后演绎了雄安新区概念股狂欢行情。

2020年·庚子年

01

宜 幽默

农历三月初九

四月 星期三

记事：

　　金融机构发行和销售资产管理产品，应当坚持"了解产品"和"了解客户"的经营理念，加强投资者适当性管理，向投资者销售与其风险识别能力和风险承担能力相适应的资产管理产品。禁止欺诈或者误导投资者购买与其风险承担能力不匹配的资产管理产品。

通用板块

如果结果不如你**所愿**,就在**尘埃**落定前奋力一搏。

历史上的今天 2009 年 4 月 2 日,G20 峰会在伦敦召开,讨论全球应对由于美国次贷危机导致的金融危机问题。与会国家做出 3 项承诺:第一,采取一切必要行动以稳定金融市场和使家庭和企业度过经济衰退。第二,改革和加强全球金融和经济制度,以恢复信任和信心。第三,使全球经济回到可持续增长的轨道。

2020年·庚子年

02

宜专注

农历三月初十

四月 星期四

记事：

在虚假陈述揭露日或者更正日之前已经卖出证券或之后进行的投资；明知虚假陈述存在而进行的投资；损失或者部分损失是由证券市场系统风险等其他因素所导致；属于恶意投资、操纵证券价格的不会被人民法院认定为与虚假陈述存在因果关系。

通用板块

可得性偏差（Availability Bias）：

由于受记忆力或知识的局限，在进行预测和决策时，人们大多利用自己熟悉的或能够凭想象构造而得到的信息，导致赋予那些易见的、容易记起的信息以过大的比重，但这只是应该被利用的信息的一部分。还有大量的其他必须考虑的信息，这些信息对于正确评估同样有着重要的影响，但人们的直觉推断却忽略了这些因素，诺贝尔经济学家卡尼曼与他的合作伙伴特维斯基把上述现象称为可得性偏差。

历史上的今天 2009年4月3日，中国证监会发审委公告，因涉嫌"掏空上市公司资产二次上市"，通过"会后事项发审委会议"否决了立立电子的上市申请。由此，立立电子成为中国证券史上首例已完成发行但没有上市，最终把已募集资金退还给投资者的公司。

2020 年 · 庚子年

03

忌沉沦

农历三月十一

四月 星期五

记事：

发行申请核准后、股票发行结束前/科创板上市委员会审议会议后至股票上市交易前，发行人发生重大事项的，应当暂缓或者暂停发行，并及时报告中国证监会，同时履行信息披露义务。

沪主板、深主板、中小板　　科创板　　创业板

清明

没有不可治愈的**伤痛**,没有不能结束的**沉沦**,所有失去的,会以另一种方式**归来**。

历史上的今天 2003年4月4日,沪深证券交易所发布《关于对存在股票终止上市风险的公司加强风险警示等有关问题的通知》,存在终止上市风险的特别处理公司股票前冠以"*ST"标记(special-treatment,特别处理,简称ST)。

2020 年 · 庚子年

04

宜缅怀

农历三月十二

四月　星期六

记事：

　　上市公司股票被实施退市风险警示的，在公司股票简称前冠以"*ST"字样，以区别于其他股票。

沪主板

科创板

深主板、中小板

有些事不是看到了**希望**才去**坚持**，而是因为坚持才会看到希望。

历史上的今天 1979年4月5日，中共中央召开工作会议。会议针对国民经济比例严重失调的情况，决定从1979年起，用3年时间对国民经济实行"调整、改革、整顿、提高"的方针。此次调整意义在于巩固和发展粉碎"四人帮"以来经济工作的成就，把整个国民经济纳入健康发展的轨道，为进一步改革开放奠定基础。

2020 年 · 庚子年

农历三月十三

05

宜静心

四月　星期日

记事：

　　初步询价确定发行价格区间的，网下投资者应在发行价格区间内为提供有效报价的配售对象填报一个申购价格及申购数量，同一网下投资者全部报价中的不同申购价格不超过 3 个。

科创板

只有用水将心上的雾气淘洗

干净，荣光才会照亮最初的

梦想。

历史上的今天 1924年4月6日，由美国飞机设计家道格拉斯设计与制造的道格拉斯式双翼机第一次环球飞行成功，在后期的军用飞机和商用飞机的制造和发展史上，环球飞行成功具有重要启示作用。

2020年·庚子年

06

忌生气

农历三月十四

四月 星期一

记事：

___

　　发行人股票上市之日起 30 个自然日内，主承销商有权使用超额配售股票募集的资金，从二级市场购买发行人股票，但每次申报的买入价不得高于本次发行的发行价。

科创板

▶ 我寻找的不是市场的白马,也不是市场的黑马,而是市场的灰马。

▶ 股票市场中情绪聚集的地方不容易找到好标的,公司团队更喜欢在被市场"忽略"和"冷落"的地方去"淘金",越是不被看好的投资,公司越是加强对其基本面的研究,以期先于市场发现投资机会。

▶ 市场的最低点往往不是最坏的事情发生的时点,而是投资者预期最为悲观的时点。

——赵军(北京淡水泉投资管理公司总经理)

历史上的今天 1998年4月7日,第一批上市的封闭式证券投资基金———基金金泰、基金开元发行。封闭式基金,是相对于开放式基金而言的,是指基金规模在发行前已确定,在发行完毕后和规定的期限内,基金规模固定不变的投资基金。

2020年·庚子年

07

宜相随

农历三月十五

四月 星期二

记事：

　　上证 LOF 基金交易与股票、封闭式基金等品种统一进行多边净额结算，通过结算业务参与人在中国结算上海分公司开立的证券（A 股）结算备付金账户完成相关资金交收。深证 LOF 与封闭式基金、A 股等上市证券合并办理资金清算与交收。

上交所　　深交所

有时候还挺**佩服**自己,能咽下一肚子的话和**心酸**说一句"嗯"。

历史上的今天 2005年4月8日,由中证指数有限公司编制,沪深交易所发布的沪深300指数正式推出。成份股为市场中市场代表性好,流动性高,交易活跃的主流投资股票,能够反映市场主流投资的收益情况。该指数以2004年12月31日为基日,基点1000点。

2020 年·庚子年

08

宜逛书店

农历三月十六

四月 星期三

记事：

　　交易所负责指数的研究规划、编制发布、宣传服务、经营等指数管理营运工作。根据需要，交易所可授权其他代理机构承担上述工作。

上交所

4月份披露年报的创业板公司,一季报业绩预告及业绩预告修正公告截至4月10日。

历史上的今天 2003年4月9日,南钢股份新老大股东分别发布持股变动报告书和要约收购报告书,中国证券市场首例要约收购产生。要约收购是指收购人通过向目标公司的股东发出购买其所持该公司股份的书面意见表示,并按照规定的收购条件、价格、期限等收购目标公司股份的收购方式。其最大的特点是在所有股东平等获取信息的基础上,由股东自主做出选择,因此被视为完全市场化规范的收购模式,有利于防止各种内幕交易,保障全体股东尤其是中小股东的利益。

2020 年 · 庚子年

09

宜夜跑

农历三月十七

四月 星期四

记事：

　　投资者自愿选择以要约方式收购上市公司股份的，可以向被收购公司所有股东发出收购其所持有的全部股份的要约，也可以向被收购公司所有股东发出收购其所持有的部分股份的要约。

通用板块

不羡于物，不以己悲，不以物喜，不枉此生。这样，可好？不乱于心，不困于情，不畏前程，不怀过往。如此，安好。

历史上的今天 2014年4月10日，中国证监会与香港证监会就开展沪港通试点发布联合公告。此前中国资本市场还未完全开放，境外投资者无法直接进入中国资本市场交易，境内投资者也无法直接进行港股交易。沪港通可以深化交流合作，扩大两地投资者的投资渠道，提升市场竞争力。

2020 年・庚子年

农历三月十八

10

忌伤害

四月 星期五

记事：

上交所沪股通包括上证 180 指数成分股、上证 380 指数成分股、A+H 股上市公司的上交所上市 A 股。上市公司股票风险警示板交易的股票、暂停上市的股票、B 股和具有其他特殊情形的股票，不纳入沪股通股票。

沪主板

世上再美的风景，

都不及回家的那段路。

历史上的今天 1991年4月11日，经国务院同意，股票市场办公会议制度建立。它的常设机构设在中国人民银行，主要任务是：确定全国股票市场发展的重大方针、政策，报国务院批准后执行；审定全国股票发行规模，根据国家计划确定上海、深圳公开发行股票的额度；审定全国股票市场的管理办法；协调各部门关系等。

2020年·庚子年

11

忌怯懦

农历三月十九

四月 星期六

记事：

_____

_____

_____

_____

_____

_____

证券监管部门要健全登记备案制度，将投诉处理情况作为衡量相关主体合规管理水平的依据。支持投资者与市场经营主体协商解决争议或者达成和解协议。

通用板块

相对有利法（Relatively Favorable Method）：

指买入股票涨到目标价位后就卖出股票的一种投资方法。其理论基础是，由于股票交易是一种动态的活动过程，因而股票价格的高低是相对的，不存在绝对的高价与绝对的低价。这样，在股票投资过程中就应该坚持自己的预期目标，即"相对有利"的标准。只要达到了既定的预期目标，就应该脱手变现。如果过于贪心，往往连老本也要蚀掉。

历史上的今天 2016年4月12日，国务院办公厅印发并实施《互联网金融风险专项整治工作实施方案》。方案要求区别对待、分类施策，集中力量对P2P网络借贷、股权众筹、互联网保险、第三方支付、通过互联网开展资产管理及跨界从事金融业务、互联网金融领域广告等重点领域进行整治。同时及时总结经验，建立健全互联网金融监管长效机制。

2020 年 · 庚子年

农历三月二十

12

宜向往

四月 星期日

记事：

证券公司向客户融资，只能使用融资专用资金账户内的资金；向客户融券，只能使用融券专用证券账户内的证券。客户融资买入、融券卖出的证券，不得超出证券交易所规定的范围。

通用板块

世间人这么多，跟别人比，哪里比得过来。

历史上的今天　1995年4月13日，中国第一架超音速无人驾驶飞机在空军某试验基地试飞成功。这标志着中国无人驾驶飞机的研制已跨入世界先进行列。

2020年·庚子年

13

宜白日梦

农历三月廿一

四月　星期一

记事：

　　上市公司实施重大资产重组应当不存在中国证监会认定的可能损害投资者合法权益，或者违背公开、公平、公正原则的其他情形。

通用板块

深主板、中小板的一季报业绩预告及业绩预告修正公告 4 月 15 日截止！

历史上的今天 2004 年 4 月 14 日，德隆旗下三驾马车——新疆屯河、合金股份、湘火炬全部跌停，短短一周时间内，德隆系股票流通市值缩水高达 60 亿元以上。德隆当初被人们称作"股市第一强庄"，是旗下拥有 177 家子孙公司和 19 家金融机构的巨型企业集团，因非法融资数百亿，上百亿资金不能收回，危机爆发后最终分崩离析。

2020年·庚子年

农历三月廿二

14

宜挥手

四月　星期二

记事：

公司股东依法享有资产收益、参与重大决策和选择管理者等权利。

通用板块

小时候我们都很**快乐**，因为那个时候我们，**丑和穷**得都还不是那么**明显**。

历史上的今天 1997年4月15日，中共中央、国务院印发《关于进一步加强土地管理切实保护耕地的通知》，国家正式确立土地用途管理制度：严格限制农用地转为建设用地，控制建设用地总量，对耕地实行特殊保护。

2020年·庚子年

15

宜饮茶

农历三月廿三

四月　星期三

记事：

　　上市公司应当建立与股东畅通有效的沟通渠道，保障股东对公司重大事项的知情、参与决策和监督等权利。

通用板块

► 如果投机者一半的时间是正确的,他很幸运。假如一个人意识到他所犯的错误,并且立即放弃亏损,那么,他在 10 次中做对了 3 次或 4 次,就可以为他带来财富。

► 别买太多股票,最好只买几只股票,以保证你能够仔细地观察它们。

► 注意投资对象的 3 个方面:第一,它要拥有真实的资产;第二,它最好有经营的特许优势,这样可以减低竞争,其产品或服务的出路比较有保证;第三,也是最重要的,是投资对象的管理能力。

——伯纳德·巴鲁克(美国投机大师)

历史上的今天 2010 年 4 月 16 日,中金所推出沪深 300 股指期货。沪深 300 股指期货上市以来,其双向交易机制与传统现货市场只能逢低买进的单向交易机制相比,是一个重大的突破,有利于不同市场主体套期保值目的的实现,但它同时也是一把双刃剑,容易助涨助跌,使得大盘的大起大落更加频繁。

2020年·庚子年

16

宜抒情

农历三月廿四

四月　星期四

记事：

　　投资者应当遵守"买卖自负"的原则，承担金融期货交易的履约责任，不得以不符合投资者适当性标准为由拒绝承担金融期货交易履约责任。

通用板块

给**时间**一点时间,

让过去成为**过去**。

历史上的今天 1980年4月17日,中国恢复在国际货币基金组织的合法席位。此举可以获得各项经济文化建设的大量低息贷款,并且可以得到对改善财政、金融、外汇管理等工作有益的技术支持和援助。标志着中国进一步融入国际金融社会,在对外开放和与世界经济接轨的道路上迈出了重要一步。

2020 年·庚子年

农历三月廿五

17

忌回头

四月 星期五

记事：

股东有权依照法律、行政法规的规定，通过民事诉讼或者其他法律手段维护其合法权利。

通用板块

代表性偏差（Representativeness Bias）：

指这样一种认知倾向：人们喜欢把事物分为典型的几个类别，然后，在对事件进行概率估计时，过分强调这种典型类别的重要性，而不顾有关其他潜在可能性的证据。大多数投资人坚信好公司就是好股票，这就是一种代表性偏差。其实好公司的股票价格过高时就可能是坏股票，坏公司的股票价格过低时也可能成了好股票。

历史上的今天 1951年4月18日，法、西德、意、比、荷、卢6个西欧国家在巴黎签订为期50年的《欧洲煤钢联营条约》，到1954年，这些国家的煤、焦炭、钢、生铁等的贸易壁垒几乎完全消除。欧洲煤钢联营最后发展为欧洲经济共同体和欧盟。

2020年·庚子年

18

宜坚持

农历三月廿六

四月　星期六

记事：

证券交易当事人依法买卖的证券，必须是依法发行并交付的证券。非依法发行的证券，不得买卖。

通用板块

谷雨

时节当**春**下，

好雨至**农家**。

历史上的今天 1933年4月19日，美国宣布取消金本位制。此举意味着美国将破除黄金对货币的限制，增发大量的货币，刺激经济，实行货币宽松政策。华尔街股市受此消息刺激价格上升，交易异常活跃，一天进行交割的股票总额达500万股，是过去6个多月来最活跃的一天。

2020 年·庚子年

农历三月廿七

19

宜任性

四月　星期日

记事：

公司股东大会、董事会决议内容违反法律、行政法规的，股东有权请求人民法院认定无效。

通用板块

生活，一半是回忆，

一半是继续。

历史上的今天 2015年4月20日，沪市成交额首次突破1万亿元，股市行情软件"容量不足"直接"爆表"，沪深两市成交量创全球最高纪录。

2020年·庚子年

20

宜铭记

农历三月廿八

四月　星期一

记事：

_____
_____
_____
_____
_____
_____
_____

发出股东大会通知后，无正当理由，股东大会不得延期或取消，股东大会通知中列明的提案不得取消。一旦出现延期或取消的情形，召集人应当在原定召开日前至少2个工作日公告并说明原因。

通用板块

终有一天，你会**静心**下来，

像个**局外人**一样看自己的

故事，**笑着**摇摇头。

历史上的今天 1998 年 4 月 21 日，中国宣布不再允许任何形式的传销经营活动，已批准登记的最迟应于 10 月 31 日前办理变更或注销手续。至此，从 1990 年中美合资雅芳有限公司将传销引入开始，传销之路在中国走了 9 年之后终到尽头。

2020年·庚子年

21

宜等待

农历三月廿九

四月 星期二

记事：

非公开发行的公司债券仅限于合格投资者范围内转让。转让后，持有同次发行债券的合格投资者合计不得超过二百人。

通用板块

世界地球日

手下**留情**，足下**留青**，

爱护环境，**人人**有责。

历史上的今天 1998年4月22日，沪深交易所宣布，将对财务状况或其他状况出现异常的上市公司股票交易进行特别处理，涨跌幅限定在5%以内。沈阳物资开发股份有限公司因连续两年亏损，被列为首家特别处理的股票。

2020年·庚子年

22

宜思考

农历三月三十

四月 星期三

记事:

　　上市公司股票被实施其他风险警示的,在公司股票简称前冠以"ST"字样,以区别于其他股票,涨跌幅限制为5%。

沪主板

深主板、中小板

我**小小**的世界，装不下太多，只能装下**在乎**我和我在乎的人。

历史上的今天 2001年4月23日，因连续4年亏损，申请宽延期未获上海证券交易所批准，第一家退市公司——PT水仙退市。PT水仙的退市打破了证券市场只进不出的僵局，预示着优胜劣汰机制开始发生作用，是我国证券市场走向规范成熟的标志。

2020 年 · 庚子年

23

忌深沉

农历四月初一

四月 星期四

记事：

___

  上市公司通过对上市地位维持成本收益的理性分析，或者为充分利用不同证券交易场所的比较优势，或者为便捷、高效地对公司治理结构、股权结构、资产结构、人员结构等实施调整，或者为进一步实现公司股票的长期价值，可以依据《证券法》和证券交易所规则实现主动退市。

通用板块

► 我们生存于一个丛林世界，每一天，每一时，每一刻，实际上都在被危险所包围着。如果你不始终保持对危险的警觉，变得麻木、麻痹，危险可能就会悄无声息的，由一个黑点变成黑影，由一个黑影变成巨大的威胁，笼罩在组织的头上，所以，战胜恐惧、战胜危机感的过程，其实就是走向成功的过程。

► 公司在研发、市场系统必须建立一个适应"狼"生存发展的组织和机制，吸引、培养大量具有强烈求胜欲的进攻型、扩张型干部，激励他们像"狼"一样嗅觉敏锐，团结作战，不顾一切地捕捉机会，扩张产品和市场。同时，培养一批善统筹、会建立综合管理平台的狈，以支持狼的进攻，形成狼狈之势。

——任正非（华为创始人，总裁）

历史上的今天 经国务院批准，财政部、国家税务总局决定从 2008 年 4 月 24 日起，调整证券（股票）交易印花税税率，由现行的 3‰调整为 1‰。

2020 年·庚子年

农历四月初二

24

宜吐槽

四月 星期五

记事：

印花税应纳税凭证包括：（一）购销、加工承揽、建设工程承包、财产租赁、货物运输、仓储保管、借款、财产保险、技术合同或者具有合同性质的凭证；（二）产权转移书据；（三）营业账簿；（四）权利、许可证照；（五）经财政部确定征税的其他凭证。

通用板块

每个新的一天，都是改变你人生的又一次机会。

历史上的今天 由于3·27国债事件，导致上海万国证券爆仓濒临破产，深陷其中的万国证券不得不与竞争对手申银证券公司合并。1996年4月25日，申银证券和万国证券以合并方式组建了申银万国证券股份有限公司，这也是国内最早的一家股份制证券公司。2014年，申银万国与宏源证券重组，成立了申万宏源证券公司。

2020 年・庚子年

农历四月初三

25
宜坚守

四月 星期六

记事:

如无特殊原因,深交所上市公司原则上应当在两个交易日内答复"互动易"上的投资者提问;如涉及暂时无法解答应当及时做出回复。上交所上市公司应当充分关注上证 e 互动平台的相关信息,对投资者提问给予及时回复。

上交所

深交所

渔翁撒网法（A Package of Stocks Investment Rules）：

又称一揽子股票投资法，是指当投资者对股票行情在短期内的涨跌波动把握不准时，可同时买入多种股票，进行分散投资。分散投资时，需要特别注意两点：第一，要选择不相关或者负相关的股票，因为相关程度高的行业往往是一倒俱倒，起不到一揽子股票所要达到的分散风险的投资效果。第二，要注意选购较多的优质股票，因为较多的优质股能够给购买者带来较大的投资回报。

历史上的今天 2017年4月26日，中国首艘国产航母在大连正式下水，标志着我国自主设计建造航空母舰取得重大阶段性成果。随着中国航母计划的持续深入发展，沪深股市有不少相关的受益细分子行业和公司持续大热，值得投资者关注。

2020 年 · 庚子年

26

宜放松

农历四月初四

四月 星期日

记事：

股东大会对现金分红具体方案进行审议前，上市公司应当通过交易所投资者关系互动平台等多种渠道，主动与股东特别是中小股东进行沟通和交流，充分听取中小股东的意见和诉求，及时答复中小股东关心的问题。

深主板

中小板

创业板

有时候，**遗忘**，是最好的**解脱**；有时候，**沉默**，却是最好的**诉说**。

历史上的今天 2018年4月27日，由央行牵头制定的《关于规范金融机构资产管理业务的指导意见》正式出台，通称资管新规。新规的颁布旨在打破刚性兑付、化解影子银行风险、统一各领域资管业务监管标准，在去杠杆大潮下对资本市场影响深远。

农历四月初五

2020 年·庚子年

27

宜逃离

四月　星期一

记事：

金融机构应当加强投资者教育，不断提高投资者的金融知识水平和风险意识，向投资者传递"卖者尽责、买者自负"的理念，打破刚性兑付。

通用板块

人生就像**舞台**，不到**谢幕**，永远不会知道自己有多**精彩**。

历史上的今天 2019年4月28日，国务院印发《改革国有资本授权经营体制方案》，坚持一企一策、因企施策，成熟一个推动一个、运行一个成功一个；出资人实行责任清单管理，切实减少对国有企业的行政干预；加快混改，鼓励有条件的企业上市、引进战略投资者等等。

2020年·庚子年

28

忌一意孤行

农历四月初六

四月 星期二

记事:

《改革国有资本授权经营体制方案》要求出资人代表机构以企业功能分类为基础,对国家出资企业进行分类管理、分类授权放权,切实转变行政化的履职方式,减少审批事项,强化事中事后监管,充分运用信息化手段,减轻企业工作负担,不断提高监管效能。

通用板块

所有公司年报、一季报**明天**截止,最繁忙的**年报**和**一季报**告一段落。

历史上的今天 2005年4月29日,中国证监会发布了《关于上市公司股权分置改革试点有关问题的通知》。因为历史原因,A股上市公司的股份分为流通股和非流通股,股东利益不统一阻碍了资本市场发展。股权分置改革解决了股东之间的利益平衡问题,为有效利用资本市场促进公司发展奠定良好基础,是中国证券市场自成立以来影响最为深远的改革举措。

2020 年 · 庚子年

29

宜淡定

农历四月初七

四月 星期三

记事：

持有、控制公司股份 5％以上的原非流通股股东，通过证券交易所挂牌交易出售的股份数量，每达到该公司股份总数 1％时，应当在该事实发生之日起两个工作日内做出公告，公告期间无须停止出售股份。

通用板块

生活一旦**忙**起来，什么**情绪**也没**时间**表达了。

历史上的今天 2010年4月30日，上海世界博览会举行开幕式，这是中国首次举办的综合性世界博览会。作为首届以"城市"为主题的世界博览会，它为新世纪人类的居住、生活和工作探索崭新的模式，为生态和谐社会的缔造和人类的可持续发展提供生动的例证。上海世博会成为了近年最赚钱的世博会，且创造了多项世界纪录。

2020年·庚子年

30

宜相知

农历四月初八

四月 星期四

记事：

　　董事、高级管理人员不得未经股东会或者股东大会同意，利用职务便利为自己或者他人谋取属于公司的商业机会，自营或者为他人经营与所任职公司同类的业务。

通用板块

顶级交易员——保罗·都铎·琼斯

保罗·都铎·琼斯从做经纪人起家，1976年开始做起，第二年就赚了100多万美元的佣金。1980年，琼斯到纽约棉花交易所当现场交易员，几年之内赚了上千万美元。琼斯最令人咋舌的成就，其实并不在于他获利丰厚，而在于他能够持续不断地获利：他在3年半的场内交易员生涯中，只有一个月遭到亏损。

因为厌倦场内交易员的工作，琼斯决定放弃这份工作，开创自己的新事业——资金管理。1984年9月，琼斯以150万美元创立了都铎期货基金，到了1988年10月，原本投资他基金的每1000美元，都增值成为17482美元，同时，他所管理的资金也增长到3.3亿美元。

1987年10月，世界上大部分投资者损失惨重。同一个月，琼斯掌管的都铎基金却获得62%的收益。琼斯的出色表现是一贯的，他曾经连续5年保持三位数的增长，1992年底欧洲货币体系发生危机，琼斯数月内在外汇市场赢利十几亿美元。

不过，琼斯的交易生涯并非一帆风顺。1979年他逞一时之勇，一次进单过多，结果连遇跌停板，等平单出场时资金损失达2/3。他懊丧至极，对自己几乎完全丧失信心，差一点改行。从那以后他开始学会控制风险，遵守原则。

琼斯的核心理念是，价格的变动和趋势的开启，常常是投资者行为所驱动的（这方面他和索罗斯观点相似）。他的7大交易习惯是：（1）永远不要摊平；（2）不要孤注一掷；（3）不要太在意你的建仓成本；（4）如果你有一个让你不舒服的头寸，解决的方法很简单，平仓走人；（5）最重要的交易规则是积极防守，而不是进攻；（6）每一天我都假设我所有的持仓都是错误的；（7）不要自高自大。永远要质疑自己和自己的能力。

保罗·都铎·琼斯
（Paul Tudor Jones，1954.9.28—）

宏观对冲基金策略大师，华尔街操盘高手，都铎投资集团的创始人。

5月

SUN	MON	TUE	WED	THU	FRI	SAT
					1 劳动节	2 初十
3 十一	4 青年节	5 立夏	6 十四	7 十五	8 十六	9 十七
10 母亲节	11 十九	12 护士节	13 廿一	14 廿二	15 廿三	16 廿四
17 廿五	18 博物馆日	19 廿七	20 小满	21 廿九	22 三十	23 初一
24 初二	25 初三	26 初四	27 初五	28 初六	29 初七	30 初八
31 初九						

劳动节

把田野捧在手上，
听汗水在指缝回响。

历史上的今天 2016年5月1日起，国务院常务会议决定全面推广营业税改增值税试点，它是指以前缴纳营业税的应税项目改成缴纳增值税，简称营改增。营改增的最大特点是减少重复征税，可以促使社会形成更好的良性循环，有利于企业降低税负。

2020年·庚子年

01

宜休息

农历四月初九

五月 星期五

记事：

　　资产管理产品按照募集方式的不同，分为公募产品和私募产品。公募产品面向不特定社会公众公开发行。公开发行的认定标准依照《中华人民共和国证券法》执行。私募产品面向合格投资者通过非公开方式发行。

通用板块

投资者认知假说（The Investor Recognition Hypothesis）：

指在其他条件相同的情况下，如果某家公司能被更多的投资者所认知，那么公司特有风险就会得到有效分散，从而导致投资者预期报酬率下降，公司的市场价值提高。因此，投资者认知程度的提高会降低公司的资本成本。这是由于市场信息普遍存在不对称情况，投资者对不同证券所拥有的信息不相同，一般只会投资于自己了解的证券。在其他条件相等的情况下，如果某家公司能够被更多的投资者认识，就会减少因"鲜为人知"而造成的"成本影子"，提高公司股票的市场价值。

历史上的今天 1994年5月2日，中国银行开始正式发行港币，从当日起在香港正式流通。此前香港的发钞银行为汇丰银行和渣打银行，中国银行的加入意味着对维护香港金融体系稳定的一种承诺，对稳定香港金融市场起着积极作用。

2020 年 · 庚子年

02

宜自饮

农历四月初十

五月 星期六

记事：

　　发起人、发行人或者上市公司对其虚假陈述给投资人造成的损失承担民事赔偿责任。发行人、上市公司负有责任的董事、监事和经理等高级管理人员对前款的损失承担连带赔偿责任。但有证据证明无过错的，应予免责。

通用板块

▶ 股市赢家法则是：不买落后股，不买平庸股，全心全力锁定领导股！

▶ 最不好的投资习惯是什么？对低价股的莫大兴趣。投资股票与购买打折衣物和汽车是不同的。股票市场是一个竞价市场，股票按其内在价值交易。当你买了廉价股时，你所得也不会多。

▶ 不要糟糟懂懂地随意买股票，要在投资前扎实地做一些功课，才能成功！

——威廉·欧奈尔（美国成长性企业的投资大师）

历史上的今天 2017年5月3日，世界首台单光子量子计算机在中国诞生。量子计算利用量子相干叠加原理，在原理上具有超快的并行计算和模拟能力，计算能力随可操纵的粒子数呈指数增长，可为经典计算机无法解决的大规模计算难题提供有效解决方案。为最终实现超越经典计算能力的量子计算这一国际学术界称之为"量子称霸"的目标奠定了坚实的基础。

2020年·庚子年

03

宜幻想

农历四月十一

五月 星期日

记事：

　　大宗交易不纳入交易所即时行情和指数的计算，成交量在大宗交易结束后计入该证券成交总量。

上交所

深交所

五四青年节

读过的书，练过的画，

终将成为日后的本事。

历史上的今天 1984年5月4日，中共中央、国务院批转《沿海部分城市座谈会纪要》，决定进一步开放天津、上海、大连、秦皇岛、烟台、青岛、连云港、南通、宁波、温州、福州、广州、湛江和北海14个沿海港口城市，加快了利用外资、引进先进技术的步伐。

2020 年·庚子年

04

宜放纵

农历四月十二

五月 星期一

记事：

被列入黑名单的网下投资者或配售对象可以在中国证券业协会网站公布相关黑名单后的 5 个工作日内书面提出申诉。协会在收到申诉材料后的 10 个工作日内进行审核，并做出决定。

通用板块

立夏

花只开一夏，

夏始终有花。

历史上的今天 2017年5月5日，我国自主研制的首款C919大型客机首飞成功。它标志着萦绕中华民族百年的"大飞机梦"终于取得了历史突破，蓝天上终于有了一款属于中国的完全按照世界先进标准研制的大型客机。

2020 年 · 庚子年

05

忌武断

农历四月十三

五月　星期二

记事：

　　网下投资者应当根据申购金额，预留充足的申购资金，确保获配后按时足额缴付认购资金及经纪佣金。配售对象应当按照公告要求的时间、使用在协会注册有效的银行账户办理认购资金及经纪佣金划转。

科创板

损失厌恶（Loss Aversion）：

指人们在面对收益和损失的决策时表现出不对称性，面对同样数量的收益和损失时，损失会使他们产生更大的情绪波动。投资者通常不喜欢卖出正在损失的股票，而是倾向于持有它，从而承担价格下跌的风险。

历史上的今天 1995年5月6日，中共中央、国务院做出《关于加速科学技术进步的决定》，确定实施科教兴国战略，它是在科学技术是第一生产力思想的指导下，坚持教育为本，把科技和教育摆在经济、社会发展的重要位置，增强国家的科技实力和科学技术向现实生产力转化的能力，提高科技对经济的贡献率，提高全民族的科技文化素质，把经济建设转移到依靠科技进步和提高劳动者素质的轨道上来。

农历四月十四

2020年·庚子年

06

宜开怀

五月　星期三

记事：

　　持有沪深市场非限售A股和非限售存托凭证总市值不少于1000万元（含）的配售对象方可参与网下询价和申购。配售对象是指参与网下发行的投资者或其管理的证券投资产品。

通用板块

上交所

深交所

其实,每个人都有自己的**不如意**,

只是有的人站在**阳光**下哭花了脸,

有的人却躲在**暗地里**开出了花。

历史上的今天 2008年5月7日,正在日本进行国事访问的中国国家主席胡锦涛,与日本首相福田康夫签署了《中日关于全面推进战略互惠关系的联合声明》。不断扩大和深化中日经贸合作,符合两国根本利益,也是全面深化中日战略互惠关系的必然要求。

2020 年 · 庚子年

07

忌优柔寡断

农历四月十五

五月 星期四

记事:

网上投资者连续 12 个月内累计出现 3 次中签后未足额缴款的情形时,6 个月内不得参与新股、可转换公司债券、可交换公司债券申购。

通用板块

快乐并不在于你需要拥有多少东西，而在于无论拥有什么，都能找到快乐。

历史上的今天 1985年5月8日，中国首次研制成功的"计算机——激光汉字编辑排版系统"在北京正式通过国家级鉴定。这个系统的研制成功是中国印刷技术发展史上的一次重大的技术革命，标志着中国发明的、沿袭千年的活字排版将进入被现代先进技术代替的新时期。

2020年·庚子年

08

宜尊重

农历四月十六

五月 星期五

记事：

深圳证券交易所创业板不接受公司股票重新上市的申请。创业板公司一旦退市，无法重新申请上市，投资者应特别注意投资风险。

创业板

▶ 要取得事业成功，必须花心思预测未来几个月甚至几年的事情。

▶ 不管已经出现了多少大公司，人类依然处于互联网时代的黎明时分，微微的晨光还照不亮太远的路。在这个行当里，不管一家公司的赢利状况有多么喜人，也随时面临被甩出发展潮流的风险。

▶ 我觉得有危机感。但是这个危机感只要早点发现、早点应对，那还是有胜算。起码要往前走一步，看清楚情况，你才会下一步决定哪方面加大、哪方面放，但是会尽量低成本。

——马化腾（腾讯创始人，董事会主席兼首席执行官）

历史上的今天 2005年5月9日，股权分置改革试点正式启动。首批股改试点公司确定：清华同方、金牛能源、紫江企业、三一重工。这意味着股权分置试点工作自此进入实质操作阶段，破解股权分置这一股市"头号难题"迈出了第一步，成为中国股市上具有里程碑意义的重大事件。

2020年·庚子年

09

宜感性

农历四月十七

五月 星期六

记事：

　　大股东、董监高因违反证券交易所规则，被证券交易所公开谴责未满3个月的，不得减持股份。

通用板块

如果说**孩子**是一艘乘风破浪的**船**,那母亲的**怀抱**就是这艘船远航的**起点**,一个无风无雨的**港湾**。

历史上的今天 2005年5月10日,由于挪用客户准备金高达80亿元以及自营业务的巨额亏损,南方证券被证监会下达《行政处罚决定书》责令关闭。此后,证券公司关闭或破产消息不断传出,投资者开立证券账户银行实施三方存管从此拉开帷幕。

2020年·庚子年

10

宜拥抱

农历四月十八

五月 星期日

记事：

禁止证券公司及其从业人员挪用客户所委托买卖的证券或者客户账户上的资金。

通用板块

时间并不会真的帮我们**解决**什么**问题**,它只是把原来怎么也想不通的**问题**,变得不再重要了。

历史上的今天 2004年5月11日,中国证监会公布首批保荐机构和保荐代表人名单,有67家证券公司和609名考试成绩合格者被分别注册登记为保荐机构和保荐代表人。至此,我国证券发行上市保荐责任主体已经明确,保荐制度全面实施。

农历四月十九

2020 年·庚子年

11

宜计划

五月　星期一

记事：

　　保荐机构及其保荐代表人不得通过从事保荐业务谋取任何不正当利益。

通用板块

你用**微笑**，拂去人们的疾苦；你用热血，温暖**寒冷**的心腹；你用爱的丝线，缝合**病人**身心的创伤；你用敬业，**谱写**一曲生命的赞歌。

历史上的今天 2008年5月12日，四川汶川发生8级特大地震。在党中央、国务院和中央军委的坚强领导下，我国组织开展了历史上救援速度最快、动员范围最广、投入力量最大的抗震救灾斗争。大量企业履行社会责任纷纷捐款，如三一集团、哈药集团、广汽集团、南方航空等企业。

2020年·庚子年

农历四月二十

12

忌软弱

五月 星期二

记事：

　　为了支持高科技创新企业上市融资，科创板引入"市值、收入、现金流、净利润和研发投入"等财务指标，设置了5套差异化的上市指标，凸显对科创企业的高度包容与支持，并助其在发展关键时期获得资本市场有力支持。

科创板

▶ 任何一个软件顶多只和它的程序设计者一样聪明。

▶ 那些最有名气的上市公司的股票最容易投机过度。

▶ 在证券交易所里赚钱，不是靠头脑，而是靠坐功；耐心是证券交易中最重要的东西，而缺乏耐心是最常见的错误，谁缺乏耐心，就不要靠近证券市场。

——安德烈·科斯托兰尼（德国证券界教父）

历史上的今天 2016年5月13日，A股市场被强制退市的第一股博元投资被正式摘牌。*ST博元成为我国证券市场首家因触及重大信息披露违法情形被终止上市的公司。退市制度改革在坚持"市场化、法治化、常态化"的发展方向上迈出了坚实的一步。

2020 年·庚子年

13

宜发现

农历四月廿一

五月 星期三

记事：

　　上市公司构成欺诈发行、重大信息披露违法或者其他涉及国家安全、公共安全、生态安全、生产安全和公众健康安全等领域的重大违法行为的，证券交易所应当严格依法做出暂停、终止公司股票上市交易的决定。

通用板块

愿我们所愿终能**实现**,一切都不**辜负**如今的委曲求全。

历史上的今天 2007年5月14日,证监会通过媒体发布《关于进一步加强投资者教育、强化市场监管有关工作的通知》,要求牢固树立保护投资者合法权益的意识,进一步增强做好投资者教育工作的主动性,将投资者教育工作的重点放在向投资者充分揭示风险和真实、准确、完整、及时地披露信息上来。

2020 年 · 庚子年

农历四月廿二

14

宜镇定

五月 星期四

记事:

　　证券公司在向客户提供交易服务和交易产品时，要严格执行开户程序的规定，确保账户资料真实、准确、完整，资产权属清晰，同时要有针对性地做好各类投资者尤其是新入市的中小投资者的风险承担能力的评估工作，教育投资者树立正确的投资理念。

通用板块

人生犹如**蜡烛**,不管你如何**倾倒**它,它的火苗,永远**向上**。

历史上的今天 1991年5月15日,深圳市政府正式颁发《深圳市股票发行与交易管理暂行办法》,这是我国第一部股票市场管理规章,当年6月15日起实施。它标志着作为我国证券市场试点的深圳股市迎来了由直接行政管理向依法间接管理的重要转折。

2020年·庚子年

15

宜收获

农历四月廿三

五月 星期五

记事：

　　上市公司应当积极回报股东，在公司章程中明确利润分配办法，尤其是现金分红政策。上市公司应当披露现金分红政策制定及执行情况，具备条件而不进行现金分红的，应当充分披露原因。

通用板块

证实偏差（Confirmation Bias）：

指一旦形成一个信念较强的假设或设想，人们就会以一种偏见的态度看待随后的证据，来尽可能证明这个信念是正确的，而不再关注那些否定该设想的新信息。信念坚持是导致证实偏差的心理基础。例如，当市场形成下跌恐慌时，人们就只能看到不利于市场的信息，进一步推动股市下跌。

历史上的今天 1991年5月16日，上海万国证券黄埔营业部开设深交所股票交易，拉开了异地股票买卖的序幕。当时在该营业部登记的深市投资者超过了2.2万户，深圳股市80%的交易量来自该营业部，黄浦营业部也成为第一家真正意义上的全国性证券营业部。

2020年·庚子年

16

宜收获

农历四月廿四

五月 星期六

记事:

公司为公司股东或者实际控制人提供担保的，必须经股东会或者股东大会决议。

通用板块

我要**爱**、要**生活**,把眼前的一世当作一**百世**一样。

历史上的今天 1792年5月17日,世界上最大的证券市场——纽约证券交易所成立,后来与欧洲的伦敦证券交易所和亚洲的东京证券交易所一起,构成了全球的股市中心。在200多年的发展过程中,纽约证券交易所为美国经济的发展、社会化大生产的顺利进行、现代市场经济体制的构建起到了举足轻重的作用。

2020年·庚子年

17

宜博爱

农历四月廿五

五月 星期日

记事:

　　股东大会会议应当设置会场,以现场会议与网络投票相结合的方式召开。现场会议时间、地点的选择应当便于股东参加。上市公司应当保证股东大会会议合法、有效,为股东参加会议提供便利。股东大会应当给予每个提案合理的讨论时间。

通用板块

文物是历史的**见证者**,是前人留给我们的第一手**资料**。

历史上的今天 1995年5月18日,中国证监会发出《关于暂停全国范围内国债期货交易试点的紧急通知》,国债期货市场被关闭。随着国债期货的关闭,资金大量流回股市,上证指数3天内从582点上涨到926点,随后很快跌回,重归熊途。

2020年·庚子年

18

忌焦虑

农历四月廿六

五月 星期一

记事：

证券交易所、证券公司、证券登记结算机构必须依法为客户开立的账户保密。

通用板块

▶ 一个老和尚带着一个小和尚到山里面去,小和尚指着树上桃花说,师傅我看到这棵树上的桃花,开过三次,败过三次。老和尚说树上的桃花到底开过还是没开过?老和尚这段话再往下讲,就讲到证券投资的一个核心问题。

▶ 树上的花开了,人们心里的花也开了,股价涨不涨?涨。可是树上的花不开,人们心里的花可不可以开?可以。因此,股票价格不是客观事件的反映,是人们内心世界的反映。一样的,有一天树上的花终于开了,可是人们心里的花却在谢,股价是涨还是跌?跌!

▶ 很多人执着于"我"所知道的实体经济,执着于我心乃至我的见解,殊不知股票价格反映的是众人的心。

——黄燕铭(国泰君安研究所所长)

历史上的今天 1999年5月19日,在席卷中国的网络科技股热潮的带动下,中国股市走出了一波凌厉的飚升走势,在不到两个月的时间里,最高见到1725点,涨幅超过50%,期间涌现出了无数网络新贵,而其中的龙头亿安科技、海虹控股、四川湖山等股价更是被炒到了一个非理性的高度。由于此轮行情的起始日为1999年5月19日,因此,此轮行情被称为"519行情"。

2020年·庚子年

19

宜鼓励

农历四月廿七

五月 星期二

记事：

股东大会、董事会的会议召集程序、表决方式违反法律、行政法规或者上市公司章程，或者决议内容违反上市公司章程的，股东有权自决议做出之日起60日内，请求人民法院撤销。

通用板块

小满

静待成熟的过程，

也不失是一种收获。

历史上的今天 2006年5月20日，当今世界最大的水利发电工程——三峡大坝全线建成。大坝全长2309米，达到海拔185米设计高程。三峡工程主要有三大效益，即防洪、发电和航运。

2020年·庚子年

农历四月廿八

20

忌八卦

五月 星期三

记事:

发行人在可交换债券换股期结束的 20 个交易日前,应当至少进行 3 次提示性公告,提醒投资者可交换债券停止换股相关事项。

上交所

深交所

一个人若是学会了自己陪伴自己,便学到了人生最重要的一项生活技能。

历史上的今天 1992年5月21日,上交所统一实行自由竞价交易,放开了仅有的15只上市股票的价格限制,引发股市暴涨。由于当时没有涨停板限制,沪市当天上涨了105%。

2020年·庚子年

21

宜无悔

农历四月廿九

五月 星期四

记事：

　　沪主板对股票、基金交易实行价格涨跌幅限制，涨跌幅比例为10%。科创板对股票竞价交易实行价格涨跌幅限制，涨跌幅比例为20%。

沪主板

科创板

可以不**光芒万丈**,但不能停止自己**发光**。

历史上的今天 2015年5月22日,深交所决定*ST武锅B、*ST国恒终止上市,自5月29日起进入退市整理期最后交易30个交易日。这是深交所首单适用退市整理期交易机制的案例。

农历四月三十

2020年·庚子年

22

宜平和

五月 星期五

记事:

深交所、上交所规定退市整理期的交易期限为30个交易日。退市整理期间,上市公司股票全天停牌的不计入退市整理期。

上交所

深交所

被动投资法（Passive Investment Method）：

指投资者投资于某种股票的金额与该种股票市值占股票市场总市值的比率成正比的投资方法。该方法基于市场有效理论，认为市场是有效的，投资者不可能获得超额收益，因此，被动地投资于市场组合，一般以股市的某种指数来代表市场组合。如果投资者没有足够的资金购买所有成份股，也可挑一些"指标股"，即那些与指数相关系数最大的股票，收益情况也就大致追随指数的变化。

历史上的今天 1995年5月23日，Java编程语言官方发布。Java语言的一个最具特色的优点就是运行时提供了平台无关性，Java编写的程序可以在Windows、Solaris、Linux或其他操作系统中运行，实现了"一次编写，多处运行"。从此，Java被广泛接受并推动了网络的迅速发展，常用的浏览器均由Java编写。

2020年·庚子年

23

宜玩耍

农历闰四月初一

五月 星期六

记事：

科创板经营机构应当对投资者是否符合科创板股票投资者适当性条件进行核查，并对个人投资者的资产状况、投资经验、风险承受能力和诚信状况等进行综合评估。沪主板对投资者设置准入条件，包括但不限于财务状况、证券投资知识水平、投资经验、诚信记录等方面的要求。

沪主板

科创板

翻脸不如翻身，生气不如争气。活着不是靠泪水博得同情，而是靠汗水赢得掌声。

历史上的今天 1953年5月24日，立体电影首次出现。它的原理是将两影像重合，产生三维立体效果，当观众戴上立体眼镜观看时，有身临其境的感觉，亦称"3D立体电影"。随着电影《阿凡达》等风靡全球，3D电影已成为业界关注的焦点，有力地推动了影院设备的升级改造。

2020 年 · 庚子年

农历闰四月初二

24

忌逆来顺受

五月　星期日

记事：

　　直接持有或者租用交易所交易单元的合格投资者无须签署风险揭示书，可以直接参与债券的认购及交易。

沪主板

深交所

与其降低你的开支，不如去尝试增加你的收入。这就是努力的理由。

历史上的今天 2006年5月25日，全流通IPO第一股中工国际发行6000万A股。当时股权分置改革已基本结束，中工国际是新老划断后IPO重启的第一只新股。

2020年·庚子年

25

宜推陈出新

农历闰四月初三

五月　星期一

记事：

　　深交所"互动易"实行使用者双向评价机制。投资者可对上市公司的回复进行评价，上市公司也可将投资者的提问设为"热推提问"。上交所对于投资者提问较多或上市公司认为重要的问题，上市公司应当加以汇总提交上证e互动平台的"热推问题"栏目予以展示。

上交所　　深交所

▶ 中国大舞台的 40 年,也让我们看到了解放人而释放出的能量,你一定会相信中国的改革开放还仅仅是开始,因为渴望改变自己的人,期待改变世界的人,还在不断涌向这个舞台。这个舞台会越来越大,年轻人将会成为这个舞台的主角,他们会把中国变得更强大、更有活力。

▶ 当我们进行学术研究时,一定要看到社会发展的趋势,看到未来可能承载你成就的平台,而不能顺着所有人的共识。当所有人都欢呼那个方向就是未来的时候,你最好不要做,因为太晚了。当别人对你想进行的研究持怀疑态度的时候,可能那就是你最好的机会。

▶ 创造者最大的满足不是仅仅自己收获了什么,而是与社会分享了多少价值。

——刘积仁(东软集团董事长兼总裁)

历史上的今天 2003 年 5 月 26 日,瑞士银行、野村证券获中国证监会批准,成为首批取得证券投资业务许可证的合格境外机构投资者(Qualified Foreign Institutional Investor,简称 QFII)。

2020年·庚子年

26

宜磨砺

农历闰四月初四

五月 星期二

记事:

　　上市公司应当通过互动易就投资者对已披露信息的提问进行充分、深入、详细地分析、说明和答复。对于重要或者具普遍性的问题及答复,公司应当加以整理并在互动易以显著方式刊载。

深主板

中小板

创业板

路越**艰难**，风景**越美**，无论如何，感谢**经历**。

历史上的今天 2017年5月27日，证监会发布《上市公司股东、董监高减持股份的若干规定》，从股东身份、股票来源、减持通道等角度全面升级了监管措施。减持新规进一步完善，为市场释放出积极的信号，减缓了股市阶段性的抛压风险。

2020年·庚子年

27

忌粗心

农历闰四月初五

五月 星期三

记事：

上市公司大股东、董监高计划通过证券交易所集中竞价交易减持股份，应当在首次卖出的15个交易日前向证券交易所报告并预先披露减持计划，由证券交易所予以备案。在预先披露的减持时间区间内，大股东、董监高应当按照证券交易所的规定披露减持进展情况。

通用板块

▶ 要取得高于平均水平的长期收益，最稳定可靠的做法就是没有大灾大难。

▶ 追求相对收益，始终稳定地略高于平均水平；做好保护，防止在艰难的时候遭遇悲惨的绝对收益。时间会证明，这样投资比"孤注一掷"更可靠。

▶ 投资的有趣性就在于，不只单方面追一个视角，我列举了 21 个重要的事情，不能把它缩减到 1 个事情。

——霍华德·马克斯（橡树资本创始人）

历史上的今天 2003 年 5 月 28 日，加拿大 BMO 金融集团旗下 BMO 蒙特利尔银行参股富国基金管理公司的申请获中国证监会批准，这是内地首例外资通过认购已成立基金公司股权形式完成中外合资的案例。

2020 年 · 庚子年

农历闰四月初六

28
忌盲从

五月 星期四

记事：

上市公司可在定期报告结束后，举行业绩说明会，或在认为必要时与投资者、基金经理、分析师就公司的经营情况、财务状况及其他事项进行一对一的沟通，介绍情况、回答有关问题并听取相关建议。

通用板块

愿你有前进一寸的勇气,亦有后退一尺的从容。

历史上的今天 1990年5月29日,深圳市政府在中国股市第一次推出涨跌停板制度,规定股票当天的涨跌幅度不得超过前一交易日收盘价的10%。这是证券市场上为了防止交易价格的暴涨暴跌,抑制过度投机现象,对每只证券当天价格的涨跌幅度予以适当限制的一种交易制度。

2020年·庚子年

29

宜风趣

农历闰四月初七

五月 星期五

记事：

　　深交所对股票、基金交易实行价格涨跌幅限制，涨跌幅比例为10%，ST和*ST等被实施特别处理的股票价格涨跌幅限制比例为5%。

深交所

黑夜无论怎样悠长，

白昼总会到来。

历史上的今天 2007年5月30日凌晨，财政部突然宣布上调印花税，从千分之一上调至千分之三。此前A股市场盛传将上调印花税，财政部还出面澄清。当天开盘900多只个股跌停，股市在短短一周内从4300点一路狂泄至3400点，众多股票连续遭遇3个跌停板，史称"530"事件。

2020年·庚子年

30

宜运动

农历闰四月初八

五月 星期六

记事：

国有控股股东违反有关规定，强迫上市公司接受非公允关联交易、利用关联交易侵占上市公司利益的，国有资产监管机构要对相关负责人和直接责任人给予纪律处分；情节恶劣、后果严重的，要给予撤职处分。

通用板块

认知偏差（Cognitive Bias）：

指人们在决策过程中存在信念及价值判断方面的各种偏差，主要有过度自信、损失厌恶、心理账户、保存主义和后悔厌恶等。导致人们对决策问题理解扭曲的原因有很多，如由于缺乏注意力或认知过载而对信息的收集与辨认不完善；由于知识不充分导致的不正确的学习和失败的记忆过程等。

历史上的今天 2018年5月31日，沪深交易所与MSCI（美国指数编制公司）在上海联合举办"A股纳入MSCI启动活动"，预计A股将获得上百亿美元基金配置。从沪股通、深股通对A股提振的作用来看，海外增量资金的流入向A股市场释放积极的信号，对市场上行有推动作用，且对权重股的正面效应更强。

农历闰四月初九

2020 年·庚子年

31

宜看电影

五月　星期日

记事：

　　公司应当在资产负债表日判断是否存在可能发生资产减值的迹象，对企业合并所形成的商誉，公司应当至少在每年年度终了进行减值测试。

通用板块

股市伯乐——菲利普·费雪

菲利普·费雪1928年毕业于斯坦福大学商学院，随即进入旧金山国安益格鲁国民银行投资银行部担任证券分析师，开始了他的投资生涯。在美国股市大崩盘后的1931年，年仅23岁的费雪就创立了费雪公司，主要从事投资顾问业务，并从此走上了一条通往投资大师的传奇之路。

费雪认为，宁愿投资几个出色的公司，也不投资一大堆平庸的公司。他的股票投资组合包括的公司通常不超过10个，而且往往3~4个公司就代表了他股票投资组合的75%。

在费雪几十年的投资生涯中，他成功地发掘出并长期持有摩托罗拉、德州仪器等大型的超级成长股，不仅个人获得巨大的财富，而且也为他在专业人士的圈子里面赢得煊赫的名声。

在他的投资生涯中，最成功的、也最为后人所称道的就是1955年，在摩托罗拉还是一家无名小公司的时候，他就断然大量买入其股票并长期持有，在此后的20多年里，摩托罗拉迅速成长为全球性的一流公司，股价也涨了20多倍。

作为投资者，他认为，"你紧张兮兮地想着今天买入，明天就卖出，这是最为糟糕的情况。这是一种"小赢"的策略倾向。如果你是真正的长期投资者(这种人可真不多)，那么你的收益实际上会大得多。"

在他看来，短期投资不是价值投资者，长期投资者也不是价值投资者的标签，优质低估的长跑者才是价值投资者的最爱。价值投资者的检验标准不是长期持有，而是一定要通过长期持有来实现巨额收益。

菲利普·费雪
(Philip A. Fisher，1907.9.8—2004.3.11)

现代投资理论的开路先锋之一,成长股价值投资策略之父。代表作品有《怎样选择成长股》《保守型投资者夜夜安寝》《财务分析研究基础》。

6月

SUN	MON	TUE	WED	THU	FRI	SAT
	1 儿童节	2 十一	3 十二	4 十三	5 环境日	6 十五
7 十六	8 十七	9 十八	10 十九	11 二十	12 廿一	13 廿二
14 廿三	15 廿四	16 廿五	17 廿六	18 廿七	19 廿八	20 廿九
21 父亲节	22 初二	23 奥林匹克日	24 初四	25 端午节	26 初六	27 初七
28 初八	29 初九	30 初十				

你的**生命**刚刚翻开了**第一页**，愿初升的**太阳**照耀你诗一般美丽的**岁月**。明天属于你们。

历史上的今天 2004年6月1日，《证券投资基金法》正式实施。《证券投资基金法》写入了许多创造性的内容，其中对于基金持有人大会、基金管理人赔偿机制等规定，都是之前的法规中未见的，将投资人的权利提升到了一个前所未有的高度，标志着基金业由此进入了一个以法治业的新时代。

2020 年 · 庚子年

01

宜自拍

农历闰四月初十

六月　星期一

记事：

公开募集基金的基金管理人因违法违规、违反基金合同等原因给基金财产或者基金份额持有人合法权益造成损失，应当承担赔偿责任的，可以优先使用风险准备金予以赔偿。

通用板块

星光不负赶路人，

时光不负有心人。

历史上的今天 1997年6月2日，从即日起，深圳证券交易所不再为已使用地面线路或双向卫星等远程通讯方式进行交易结算的席位同时提供终端，证券经营机构的出市代表"红马甲"正式退场（B股及债券特别席位例外）。此举标志着深圳证券交易所A股市场完全实现无形化交易模式。

2020年·庚子年

02

宜步履不停

农历闰四月十一

六月 星期二

记事：

_____
_____
_____
_____
_____
_____
_____

- -

证券承销商、证券上市推荐人对虚假陈述给投资人造成的损失承担赔偿责任。但有证据证明无过错的，应予免责。

通用板块

接受突如其来的**失去**，珍惜不期而遇的**惊喜**，当情绪**低落**慵懒无力时，把情绪收到别人看不到的地方，一个人学会**坚强**。

历史上的今天 1993年6月3日，深圳飞亚达（集团）股份有限公司A、B股上市，是我国首个A、B股同时上市的公司。

2020年·庚子年

03

宜热情

农历闰四月十二

六月　星期三

记事：

　　会员应当保证大宗交易参与者实际拥有与交易申报相对应的证券或资金。

上交所

深交所

短期获利法（Short-term Profit Method）：

指的是当某种股票一旦出现上扬行情时，予以大量买进，等到短期内股价上涨到一个可观的高度又予以全部卖出的投资技巧。该策略依据的是当股票价格上涨到一定价位时，往往会造成较大的起伏波动，此时极易积聚多头人气，使股价出现持续攀升的现象。因此，只要预测准确，当股价出现攀升时买进，待其继续上扬之后全部卖出，就可以获取一段可观的利润行情。短期获利法较适合那些积极进取的股票投资者选用。

历史上的今天 1997年6月4日，国家科技领导小组第三次会议决定制定和实施《国家重点基础研究发展规划》，随后，科技部组织实施国家重点基础研究发展计划（又称"九七三计划"）。该计划实施多年来成效显著，突出体现为取得一批重要原创性成果、为中国社会可持续发展奠定科学基础等4个方面。

2020年·庚子年

04

忌懈怠

农历闰四月十三

六月　星期四

记事：

　　上市公司股票在上交所科创板上市后，除同比例配股、转增股本情形外，不得在境内外发行特别表决权股份，不得提高特别表决权比例。

科创板

世界环境日

多样的**物种**，唯一的**地球**，共同的**未来**。

历史上的今天 1883年6月5日，英国经济学家凯恩斯诞辰，其代表作《就业、利息和货币通论》，创立的宏观经济学与弗洛伊德所创的精神分析法和爱因斯坦发现的相对论一起并称为20世纪人类知识界的三大革命。

2020年·庚子年

05

忌迷失

农历闰四月十四

六月　星期五

记事：

　　网下投资者及相关工作人员在参与科创板首发股票网下询价时，不得使用他人账户报价、委托他人报价等。

科创板

梦想和**现实**之间的

那段差距,叫做**行动**。

历史上的今天 2005年6月6日,中国股市经过长达4年漫漫熊市的煎熬之后,终于到达了此轮熊市的历史性终点,当日上证指数盘中一度跌破了1000点整数关口,创下998点的新低,此后十几年中再未跌至此点位。之后A股展开了一轮历时两年多的牛市行情,2007年10月16日最高上冲到6124点。

2020年 · 庚子年

06

宜拥抱明天

农历闰四月十五

六月 星期六

记事：

　　配售对象持有的市值，按照 X-2 日（X 日为初步询价开始日，下同）为基准日，前 20 个交易日（含 X-2 日）的日均持有市值计算。深交所配售对象证券账户开户时间不足 20 个交易日的，按 20 个交易日计算日均持有市值。

通用板块

上交所

深交所

▶ 中国的创业者应该考虑传统行业，在中国消费经济不断增长的前提下，传统行业创业成功的可能性是非常大的。

▶ 除了做好失败的心理准备外，创业者还要为自己从事的新行业做好技术准备，在制作商业计划书和组建团队的时候，要把创业所需要的各种要素充分考虑进去。

▶ 判断商业模式是不是有吸引力，可以去找他的客户调查了解，因为客户最有发言权。

——沈南鹏（红杉资本创始人）

历史上的今天 2002年6月7日，中国经济开发信托投资公司因严重违规经营被中国人民银行宣布撤消。它曾经是327事件的赢家，此时被认为是银广夏和东方电子的庄家，通过和上市公司大股东的配合，操纵股价。

2020 年 · 庚子年

07

宜花样百出

农历闰四月十六

六月 星期日

记事：

　　战略投资者不参与网下询价，且应当承诺获得本次配售的股票持有期限不少于 12 个月，持有期自本次公开发行的股票上市之日起计算。

通用板块

我爱**光亮**，因为它给我指明了**道路**；然而，我也能忍受**黑暗**，因为它让我看到**星星**。

历史上的今天 1978年6月8日，英特尔发布其首枚16位微处理器8086，1979年6月又推出8088来满足市场对低价处理器的需要，并被IBM的第一代PC机所采用，为后续英特尔占据微处理器绝对主流奠定了坚实的基础。

2020年·庚子年

08

宜闭目养神

农历闰四月十七

六月 星期一

记事：

　　因市场交易类指标强制退市的公司，自其股票进入全国中小企业股份转让系统转让之日起满3个月，强制退市公司可向交易所申请重新上市。

沪主板

深交所

生活就像"呼吸","呼"是为了**出**一口气,"吸"是为了**争**一口气。

历史上的今天 1983年6月9日,撒切尔夫人领导的保守党在英国大选中大获全胜出任首相,任职期间,对英国的经济、社会与文化面貌做出了既深且广的改变。撒切尔夫人1984年在北京签署了《中英关于香港问题的联合声明》,为香港回归中国奠定了坚实的政治基础。

2020年·庚子年

09

宜陶醉

农历闰四月十八

六月 星期二

记事：

　　公司在股票重新上市申请获得交易所同意至股票挂牌交易的期间发生重大事项的，应当及时报告交易所并对外披露。

沪主板

深主板

中小板

成功没有**快车道**，幸福没有**高速路**。所有的成功，都来自**不倦**的努力和奔跑；所有的幸福，都来自**平凡**的奋斗和坚持。

历史上的今天 2005年6月10日，首批股权分置改革试点企业三一重工通过股权分置改革方案——每10股送3.5股和8元现金。上证指数受此影响涨幅超过8%。清华同方首次股改方案没有通过。

2020 年・庚子年

10

宜撒野

农历闰四月十九

六月　星期三

记事：

投资者当日通过竞价交易和大宗交易累计买入的单只风险警示股票，数量不得超过 50 万股。

沪主板

科创板

食一碗人间烟火，

饮几杯人生起落。

历史上的今天 2015年6月11日，国务院印发《关于大力推进大众创业万众创新若干政策措施的意见》。其实质是通过改革解放和发展生产力，调动亿万市场主体积极性和社会创造力，增加市场的动力、活力和竞争力，从而成为经济发展的内在动力。

2020年·庚子年

11

宜心花怒放

农历闰四月二十

六月 星期四

记事：

最高人民法院民事审判第二庭与中国证券监督管理委员会投资者保护局成立证券期货纠纷多元化解机制工作小组，具体负责证券期货纠纷多元化解机制建设的指导和协调工作。

通用板块

过度自信（Over Confidence）：

　　心理学家通过实验观察和实证研究发现，人们往往过于相信自己的判断能力，高估成功的机会，把成功归功于自己的能力，而低估运气、机会和外部力量在其中的作用，这种认知偏差称为过度自信。牛市往往导致了更多的过度自信，导致大量过度频繁的交易。

历史上的今天 2001年6月12日，国务院正式发布《减持国有股筹资社会保障资金管理暂行办法》，宣布国有控股公司发行流通股时，国有股减持10%充实社保基金。这一办法在经过一年多的探索和实践后，终因难度过大而被叫停。

2020年·庚子年

12

宜走心

农历闰四月廿一

六月 星期五

记事：

　　交易所鼓励独立董事公布通信地址或者电子信箱与投资者进行交流，接受投资者咨询、投诉，主动调查损害公司和中小投资者合法权益的情况，并将调查结果及时回复投资者。

深主板

中小板

创业板

小时候幸福是一件很简单的事,长大了简单是一件很幸福的事。

历史上的今天 2017年6月13日,"蛟龙"号深海载人潜水器圆满完成为期5年的试验性应用航次全部下潜任务,其中,11个潜次作业水深超过6500米。"蛟龙"号是我国深海科技发展的里程碑,使我国快速进入到世界"深潜俱乐部"。

2020年·庚子年

13

忌沉闷

农历闰四月廿二

六月　星期六

记事：

　　违反法律、行政法规或者中国证监会有关规定，行为恶劣、严重扰乱证券市场秩序、严重损害投资者利益或者在重大违法活动中起主要作用等情节较为严重的，可以对有关责任人员采取5~10年的证券市场禁入措施。

通用板块

► 抱牢成长股。买进真正优秀的成长股时,除了考虑价格,还不能忘了时机因素。

► 投资股票要切实了解公司的经营情况,不可被一些不实数字所蒙骗。

► 你永远也不可能做到了解自己或市场的方方面面。

——菲利普·费雪(成长股投资策略之父)

历史上的今天 2001年6月14日,上证综指创出2245.44点的高点,随后因国有股减持等原因步入漫漫熊市,5年之后才重新突破该点位。

2020 年·庚子年

14

忌解释

农历闰四月廿三

六月 星期日

记事：

股东会或者股东大会、董事会的会议召集程序、表决方式违反法律、行政法规或者公司章程，或者决议内容违反公司章程的，股东可以自决议做出之日起 60 日内，请求人民法院撤销。

通用板块

陌上曾有花朵**明艳芬芳**，

似我**青春模样**。

历史上的今天 1999年6月15日，人民日报在头版发表特约评论员文章《坚定信心，规范发展》，指出近期股市是正常的恢复性上涨，各方面要坚定信心，发展股市，珍惜股市的大好局面，次日上证指数再涨5.23%。

2020 年 · 庚子年

15

宜吃糖

农历闰四月廿四

六月　星期一

记事：

　　上市公司董事会、独立董事和符合有关条件的股东可以向公司股东征集其在股东大会上的投票权。

通用板块

宠辱不惊，看庭前花开花落；去留无意，望天上云卷云舒。

历史上的今天 1992年6月16日，中共中央、国务院做出《关于加快发展第三产业的决定》。指出加快发展第三产业的目标是：争取用10年左右或更长一些时间，逐步建立起适合我国国情的社会主义统一市场体系、城乡社会化综合服务体系和社会保障体系。

2020年·庚子年

16

宜修心

农历闰四月廿五

六月　星期二

记事：

　　董事会不能履行或者不履行召集股东大会会议职责的，监事会应当及时召集和主持；监事会不召集和主持的，连续90日以上单独或者合计持有公司10%以上股份的股东可以自行召集和主持。

通用板块

敬你岁月**无波澜**,

敬我余生**不悲欢**。

历史上的今天 2019年6月17日,沪伦通正式启动。沪伦通,即上海证券交易所与伦敦证券交易所互联互通机制,是指符合条件的两地上市公司,依照对方市场的法律法规,发行存托凭证(DR)并在对方市场上市交易。华泰证券发行的沪伦通下首只全球存托凭证产品当天在英国伦交所挂牌交易。

2020年·庚子年

17

宜早起

农历闰四月廿六

六月　星期三

记事：

　　参与沪伦通业务的申请机构可以复用其A股市场的交易单元代码，或者申请新设交易单元，沿用其A股市场的会员交易单元对照表、连通圈关系等。沪伦通业务不得复用在A股中被冻结的交易单元。

沪主板

滤嘴投资法（Filters Investment Rules）：

又称滤嘴法则，是指股票投资者在股市处于涨势末期或跌势末期时，以固定的比率，放弃一小部分利润，以确保预期利润的投资方法。滤嘴投资法不追求最低价买进和最高价卖出，而是在涨势中不卖最高点，只卖次高点，在跌势中不买最低点而只买次低点。在运用滤嘴投资法时，投资者首先拟定一段行情中愿意少赚的比率，该比率通常称之为滤嘴。在长期的涨势或跌势中，采用滤嘴投资法是一种比较稳健的投资策略。

历史上的今天 1979年6月18日，五届全国人大二次会议在北京举行。会议审议通过了《全国人民代表大会和地方各级人民代表大会选举法》《中华人民共和国刑法》《中外合资经营企业法》等7部法律，迈出了加强和健全社会主义民主和法制的一大步。

2020 年·庚子年

农历闰四月廿七

18

宜共情

六月 星期四

记事：

证券交易的收费必须合理，并公开收费项目、收费标准和收费办法。

通用板块

要记住每一个对你好的人，因为他们本可以不这么做。

历史上的今天 1993年6月19日，证监会与香港联交所等在北京联合签署《中港证券市场监管合作备忘录》，这标志着内地企业赴港上市正式展开。20多年来已有上千家内地企业赴港上市，市值占香港股市的一半以上。

2020 年 · 庚子年

19

宜忍耐

农历闰四月廿八

六月 星期五

记事：

　　董事、高级管理人员违反法律、行政法规或者上市公司章程的规定，损害股东利益的，股东可以向人民法院提起诉讼。

通用板块

> 商业合作必须有三大前提：一是双方必须有可以合作的利益，二是必须有可以合作的意愿，三是双方必须有共享共荣的打算。此三者缺一不可。

> 永远不要跟别人比幸运，我从来没想过我比别人幸运，我也许比他们更有毅力，在最困难的时候，他们熬不住了，我可以多熬一秒钟、两秒钟。

> 世界上的诱惑很多，天上永远不会掉馅饼，不要因为贪图一时的快乐而付出惨痛的代价，如果发现错了，一定要止步。

——马云（阿里巴巴创始人，董事局主席）

历史上的今天 2005年6月20日，42家公司获准进行第二批股改试点，大多公司选择送股方案，送股比例10送3左右，最终全部获得通过。随后，股权分置改革在A股全面铺开。

2020年·庚子年

20

宜熬夜

农历闰四月廿九

六月　星期六

记事：

　　股权登记日登记在册的所有普通股股东（含表决权恢复的优先股股东）或其代理人，均有权出席股东大会，公司和召集人不得以任何理由拒绝。

通用板块

父爱是一把大伞,总在有雨的天里撑着。

历史上的今天 2007年6月21日,国内第一只现金结算方式的权证南航认沽权证在上交所挂牌上市。曾经创设了123.48亿份南航认沽权证的26家券商,在14个交易日中回购南航认沽权证92.21亿份,注销81.41亿份,创下了中国证券史上一个史无前例的事件。

2020年·庚子年

21

宜陪伴

农历五月初一

六月 星期日

记事：

创业板经营机构应当在营业场所现场与客户书面签署《创业板市场投资风险揭示书》，签署两个交易日后，可为其开通创业板市场交易。科创板经营机构为投资者开通科创板股票交易权限前，应当要求投资者签署《科创板股票交易风险揭示书》。

科创板　　创业板

► 一个人的学习能力,才是他的核心竞争力。

► 如果只局限在公司里了解情况,那么经营者很容易陷入一种盲目的安心状态。

► 未来的文盲将是那些没有知识和不会更新知识的人。成年人被淘汰的最主要原因是学习能力下降。

——彼得·德鲁克(现代管理学之父)

历史上的今天 1993年6月22日,标志我国高科技领域又一重大突破的"银河全数字仿真Ⅱ"计算机研制成功并通过国家鉴定。专家认为,这一国家重点科技攻关项目的完成,表明我国仿真机研制能力已跨入国际领先行列。

2020年·庚子年

22

忌追忆

农历五月初二

六月　星期一

记事：

普通投资者申请成为专业投资者应当以书面形式向经营机构提出申请，并确认自主承担可能产生的风险和后果，提供相关证明材料。

通用板块

太急没有故事,

太缓没有人生。

历史上的今天 2002年6月23日,在经过一年探索后,国务院决定停止减持国有股,次日开盘后出现井喷行情,上证指数上涨幅度达到9.25%,逼近涨停。

2020年·庚子年

23

宜狂热

农历五月初三

六月 星期二

记事：

经营机构应当全面了解参与科创板股票交易的投资者情况，提出明确的适当性匹配意见，不得接受不符合适当性管理要求的投资者参与科创板股票交易。沪主板经营机构应当加强投资者的证券投资知识教育和风险揭示，并通过适当方式提醒其审慎参与证券投资。

沪主板　　科创板

心理账户（Mental Accounting）：

指投资者根据资金的来源、资金的所在和资金的用途等因素对资金进行归类，在心理上划分到不同账户进行管理，并倾向于基于账户进行评价和决策。绝大多数的人都会受到心理账户的影响，常常错误地将一些资金的价值估计得比另一些低，如赌场赢得的资金、股票市场获得的横财、意想不到的财产等都会被估价得比常规的收入低，并且人们倾向于更轻率地或随意地使用这些被低估的资产。

历史上的今天 2016年6月24日，英国公投结果出炉，51.9%的英国选民支持脱欧，意味着英国政府必须向欧盟正式说明英国有意退出欧盟，并启动英国与欧盟"离婚"的谈判。

2020年·庚子年

24

宜明辨

农历五月初四

六月 星期三

记事：

申请人符合合格投资者条件的，证券经营机构应当填写合格投资者资格确认表，并于为申请人开通合格投资者相关认购及交易权限的当日，通过交易所固定收益品种业务专区提交合格投资者账户名单。

沪主板

深交所

忆在**苏州**日，常谙夏至筵。

粽香筒竹嫩，**炙脆**子鹅鲜。

——白居易《和梦得夏至忆苏州呈卢宾客》

历史上的今天 2004年6月25日，深交所中小企业板首批8家公司上市。中小企业板规范发展，成为全球范围内最为成功的中小企业市场之一，中小企业板的成功实践为创业板推出开辟了道路。

农历五月初五　　2020年·庚子年　　六月

25

宜吃饭

星期四

记事：

投资者申请采用调解方式解决纠纷的，证券期货市场经营主体应当积极参与调解，配合人民法院、调解组织查明事实。对于证券期货市场经营主体无正当理由拒不履行已达成的调解协议的，证券期货监管机构应当依法记入证券期货市场诚信档案数据库。

通用板块

▶ 一件事、一个公司，其价值往往并不取决于它本身，而是取决于它所存在的时间，生命力越久就越有价值。所以，一个伟大的人或者杰出的企业家，你要想拥有未来的事业，首先要对准备付出的时间在内心有一个承诺：一生一世，还是半辈子、三五年。

▶ 伟大是熬出来的，"熬"就是看你能否坚持得住。不是指每一个细节都想到了，而是在特别痛苦的时候坚持住了，并把痛苦当营养来享受。

▶ 人之所以受限制，是因为内心太小。行走、阅读、交往……能增长内心，内心大了，才能坦然、通泰、豁达。

——冯仑（万通集团创始人）

历史上的今天 1993年6月26日，我国首次在国内发行外币债券。中国冶金进出口总公司委托华夏证券发行4000万美元外币企业债券。通过试点探索建立国内企业在境内筹集外汇资金的有效市场机制，能吸引大量滞留境外和沉淀国内的外汇，此外，还有利于完善我国金融市场，加速与国际金融市场的对接。

2020 年 · 庚子年

农历五月初六

26

宜坦诚

六月　星期五

记事：

公司应当及时更新公司网站，更正错误信息，并以显著标识区分最新信息和历史信息，避免对投资者决策产生误导。

深主板

中小板

创业板

所谓**成长**，就是逼着你一个人，跟跟跄跄的**受伤**，跌跌撞撞的**坚强**。

历史上的今天 1990年6月27日，深圳市政府推出《关于对股权转让和个人持有股票收益征税的暂行规定》，规定实行年终（中）分红派息时，个人所得超过一年期银行存款利率部分，需缴纳10%的个人调节税，卖出股票者按卖出价的0.6%缴纳印花税。

2020年·庚子年

27

宜自律

农历五月初七

六月 星期六

记事：

个人从公开发行和转让市场取得的上市公司股票，持股期限＞1年的，股息红利所得暂免征收个税。持股期限≤1个月的，其股息红利所得全额计入应纳税所得额；1个月＜持股期限≤1年的，暂减按50%计入应纳税所得额，上述所得适用20%的税率计征。

通用板块

生活就是生的**不尽人意**，

活的**惊天动地**。

历史上的今天 1993年6月28日，中国银行在伦敦与有关国际银团签署了在伦敦市场发行2亿美元欧洲债券的协议，债券期限5年。这是中国银行自1988年以来首次重返欧洲市场筹集中长期资金。

2020 年 · 庚子年

农历五月初八

28

宜豁达

六月　星期日

记事：

　　公司可利用网络等现代通讯工具定期或不定期开展有利于改善投资者关系的交流活动。

通用板块

年度股东大会落实好了吗，

明天就是截止日了哦！

历史上的今天 1993年6月29日，青岛啤酒在香港招股，成为中国首支H股（指注册地在内地、上市地在香港的外资股，因香港英文HongKong首字母而得名H股）。

2020年·庚子年

29

忌透支

农历五月初九

六月 星期一

记事：

___

上市公司不得利用资产减值准备的机会"一次亏足"，在前期巨额计提后大额转回，随意调节利润；也不得不计提或少计提关联方欠款可能发生的坏账损失；不得随意变更计提方法和计提比例。

通用板块

我愿作一枚白昼的月亮，不求炫目的荣华，不淆世俗的潮浪。

历史上的今天 1967年6月30日，参加联合国经济社会理事会国际贸易组织筹委会第二次会议的23个国家在日内瓦签订《关税及贸易总协定》。关贸总协定是一个进行多边贸易谈判和协调争议的场所。其主要活动是安排缔约国就彼此有关的商品税率进行双边谈判，达成减让协议。它是世界贸易组织（WTO）的前身。

2020年·庚子年

30

宜放手

农历五月初十

六月 · 星期二

记事：

通过协议转让，投资者及其一致行动人在上市公司中拥有权益的股份拟达到或者超过5%时，应当在该事实发生之日起3日内编制权益变动报告书，向中国证监会、证券交易所提交书面报告，通知该上市公司并予公告。

通用板块

老牌杠杆收购大师——亨利·克拉维斯

亨利·克拉维斯所创立的KKR集团是全球历史最悠久、也是经验最为丰富的私募股权投资机构之一，他被华尔街称为"收购之王"。

20世纪70年代，美国股灾让很多企业陷入困境，不得不廉价变卖资产以求自保。克拉维斯和表兄弟罗伯茨发现机会，1976年联合导师科尔伯格3人共同成立KKR，趁机低价收购困境中的目标企业。

20世纪80年代，克拉维斯四处寻找运营出现困境或是市值遭到低估但极具获利潜力的企业进行购并，但购并所需资金往往仅一成为自有资金，其余均向银行借贷，或发行垃圾债券来筹措。

1989年，在纳贝斯克控制权的争夺战中，KKR动用高达314亿美元的巨资，击退包括美国运通、摩根斯坦利以及第一波士顿等华尔街巨头。这场世纪并购大战被称为"20世纪最著名的恶意收购"。

在整个收购案中，KKR付出的代价极小，发行了大量垃圾债券进行融资，并承诺在未来用出售被收购公司资产的办法来偿还债务，因此，这次收购资金的规模虽然超过250亿美元，但其中KKR使用的现金还不到20亿美元。这个案例当年即被《华尔街日报》记者写成纪实畅销书《门口的野蛮人》，1993年拍成电影。

关于对并购标的的选择，他认为："我们并不是某一天醒来说有一个机会，我们就去投资，这样你会犯错误。我们要花很多时间，更重要的是，我们要确保对这个公司达到一个全面的理解。"

亨利·克拉维斯
（Henry R. Kravis 1944.1.6—）

美国投资家，老牌杠杆收购大师，纽约公共电视台的主席、纽约大都会博物馆董事。

7月

SUN	MON	TUE	WED	THU	FRI	SAT
			1 建党节	2 十二	3 十三	4 十四
5 十五	6 小暑	7 十七	8 十八	9 十九	10 二十	11 廿一
12 廿二	13 廿三	14 廿四	15 廿五	16 廿六	17 廿七	18 廿八
19 廿九	20 三十	21 初一	22 大暑	23 初三	24 初四	25 初五
26 初六	27 初七	28 初八	29 初九	30 初十	31 十一	

无论我们走了**多远**,都不要忘记来时的**路**,更不能**忘记**为什么出发。

历史上的今天 1998年7月1日,美国总统克林顿在时任上海市市长徐匡迪的陪同下,参观上海证券交易所。此前国家主席江泽民在1997年10月访问美国时曾参观纽约证交所,并为当日开市敲槌。

农历五月十一

2020年·庚子年

01

宜安然

七月 星期三

记事：

任何单位和个人发现金融机构存在刚性兑付行为的，可以向金融管理部门举报，查证属实且举报内容未被相关部门掌握的，给予适当奖励。

通用板块

脸皮是身体最奇妙的部分，它可大可小，可厚可薄，甚至可有可无。

历史上的今天 1997年7月2日，泰国宣布取消泰铢对美元的联系汇率制，实行浮动汇率制。不久，这场风暴波及马来西亚、新加坡、日本、韩国、中国等地。泰国、印尼、韩国等国家的货币大幅贬值，同时造成亚洲主要股市的大幅下跌。亚洲金融危机拉开序幕。

2020 年 · 庚子年

农历五月十二

02

宜冥想

七月 星期四

记事:

　　专业中介服务机构及其直接责任人违反《证券法》第一百六十一条和第二百零二条的规定虚假陈述,给投资人造成损失的,就其负有责任的部分承担赔偿责任。但有证据证明无过错的,应予免责。

通用板块

► 什么行业易出长期牛股？行业集中度持续提高的行业。因为这样的行业有门槛，有先发优势，后浪没法让前浪死在沙滩上，易出大牛股。

► 很多投资一直在不断寻找风口，他也不去想风到底有多大，到底能不能持续，认为只要是在风口中，扁担都可以开花。然而，只要时间拉长，投资者最终会发现扁担是开不了花的，从0到1的过程并不那么容易。

► 价值投资者往往最先被套，但是最终赚钱，重要的是能够在最受质疑的时候熬得住。

——邱国鹭（高毅资产董事长兼CEO）

历史上的今天 1991年7月3日，经过1年多筹备和7个多月的试运作，深圳证券交易所获中国人民银行批准，正式开业。

农历五月十三

2020年·庚子年

03

宜从心

七月　星期五

记事：

债券质押式回购交易，是指债券持有人在将债券质押并将相应债券以标准券折算比率计算出的标准券数量为融资额度向交易对手方进行质押融资的同时，交易双方约定在回购期满后返还资金和解除质押的交易。

上交所

深交所

总有**做不完**的事，**吐不完**的怨气，**减不完**的肥，这就叫生活。

历史上的今天 2002年7月4日，西气东输工程开工典礼在北京隆重举行。这是仅次于长江三峡工程的又一重大投资项目，是拉开西部大开发序幕的标志性建设工程。

2020年·庚子年

04

宜谨慎

农历五月十四

七月　星期六

记事：

　　证券公司、基金管理公司、信托公司、财务公司、保险公司、合格境外机构投资者以及符合一定条件的私募基金管理人等专业机构投资者，在中国证券业协会注册后，可以参与科创板首发股票网下询价。

科创板

试盘买卖法（Testing Buying/Selling Method）：

指在进行证券买卖之初，先以挂牌方式（作买进时，先以委托价格挂进一手；作卖出时，先以委托价格挂出一手）少量进出，并以 10 分钟为限度，试验该档价格有股票是否容易买卖，如果上述挂牌的买卖委托很快成交，则表示该档股价应作观望修正。相反，如果上述挂牌成交艰难，则代表判断可能正确，再以市价委托进行买卖。试盘买卖法的好处是能减少买卖的盲目性，提高进出股市的成功率，值得一般投资者尤其是股市大户参考选用。

历史上的今天 1996 年 7 月 5 日，英国苏格兰卢斯林研究所胚胎学家维勒穆特博士和他领导的基因小组，在绵羊无性繁殖技术领域取得重大突破，一只无性繁殖的绵羊多利在他的试验基地出生。

农历五月十五　　2020年·庚子年　　七月

05

忌撒谎

星期日

记事：

　　网下投资者参与科创板首发股票网下报价后，不得存在提供有效报价但未参与申购或未足额申购、网上网下同时申购等行为。

科创板

小暑

倏忽温风至,因循小暑来。
竹喧先觉雨,山暗已闻雷。

——唐·元稹《咏廿四气诗 小暑六月节》

历史上的今天 2015年7月6日,出于对系统性风险的防范,高层决定以证金公司为载体、以商业银行为资金源、以央行为担保方合力出手护盘,当日证金公司即开启"扫货模式"。据统计,本次护盘共动用了至少1.26万亿元资金,共买入约1400家公司的股票。

2020 年 · 庚子年

06

宜吃西瓜

农历五月十六

七月 星期一

记事：

　　董事、监事、高级管理人员在股东大会上应就股东的质询作出解释和说明。

通用板块

▶ 某些价格形态并非随机,而会有对预测的影响。

▶ 交易要像壁虎一样,平时趴在墙上一动不动,蚊子一旦出现就迅速将其吃掉,然后恢复平静,等待机会。

▶ 我们有 3 个标准。如果它公开交易,有流动性,并且服从模型,我们就交易它。

——詹姆斯·西蒙斯(量化投资鼻祖)

历史上的今天 1992 年 7 月 7 日,深圳原野因被港商掏空而停牌,这是 A 股首例股票停牌的事件。1994 年 1 月经过重组后,深圳世纪星源股份有限公司(原深圳原野实业股份有限公司)股票获批在深交所复牌交易。

2020年·庚子年

07

忌迷乱

农历五月十七

七月 星期二

记事：

深交所、上交所上市公司筹划重大事项，应在股票及其衍生品种不停牌的情况下分阶段披露所筹划事项的具体情况，不得以相关事项结果尚不确定为由随意申请停牌。

上交所

深交所

无痛不快,无苦何甜;

活着,本就是一种修行。

历史上的今天 1991年7月8日,上海证券交易所采取股票集中存放,实现了股票无纸化交易。此前每天收市后,股民们都要带上大量的实物股票,到交易所的清算部办理转让过户手续,自动过户后,股票交易就不必实物交割了。

2020 年 · 庚子年

08

宜清淡

农历五月十八

七月 星期三

记事：

　　因欺诈发行被实施重大违法强制退市的公司，其股票被终止上市后，不得向交易所申请重新上市。

沪主板

深交所

▶ 我比较欣赏的员工,首先,他热爱自己所从事的事业,真心热爱。然后,他愿意专注在自己所从事的工作里面。兴趣是你最大的老师,这个非常非常非常重要。

▶ 年轻人不一定要创业。年轻人最重要的是,首先要看到周围每个同事身上的优点。你发现身边人的优点,这就是一个很大的进步,然后,再学习并掌握相同的技能。

▶ 很多人赶风口、潮流的时候,一个动机是想赶快拿到风险投资。但他其实忽略了一点——"我如何长期可持续经营,应该给消费者留下什么"。

——丁磊(网易公司董事局主席兼首席执行官)

历史上的今天 2003年7月9日,瑞银华宝敲入外资进入中国股市的第一单。当天4只QFII股票宝山钢铁、上港集箱、外运发展和中兴通讯几近涨停。这意味着QFII正式进入中国A股市场,加速了内地股市投资理念的多元化。

2020年·庚子年

09

宜送花

农历五月十九

七月 星期四

记事：

在退市整理期间对外发布公告时，应当在"重要提示"中特别说明："本公司股票将在退市整理期交易30个交易日，截至本公告日已交易YY个交易日，剩余YY个交易日,交易期满将被终止上市,敬请投资者审慎投资、注意风险"。

上交所　　深交所

口袋里的**钞票**最薄情寡义，

身上的**肥肉**最不离不弃。

历史上的今天 2007年7月10日，国务院印发《关于开展城镇居民基本医疗保险试点的指导意见》，旨在逐步建立以大病统筹为主的城镇居民基本医疗保险制度。

2020 年 · 庚子年

10

宜变化

农历五月二十

七月　星期五

记事：

　　投资者当日累计买入风险警示股票数量，按照该投资者以本人名义开立的证券账户与融资融券信用证券账户的买入量合并计算；投资者委托买入数量与当日已买入数量及已申报买入但尚未成交、也未撤销的数量之和，不得超过 50 万股。

沪主板

被**误解**是表达者的**宿命**，

不随意误解是**聆听者**的本分。

历史上的今天 1991年7月11日，上海证券交易所推出股票账户，逐渐取代了此前广泛使用的股东名卡。

2020 年 · 庚子年

11

宜远观

农历五月廿一

七月 星期六

记事:

"12386"中国证监会服务热线是中国证监会建立的接收证券期货市场投资者诉求的公益服务渠道。

通用板块

金融素养（Financial Literacy）：

指个人对金融知识、常识的了解和掌握。具有一定金融素养的个人通常能在个人理财方面，例如，地产、保险、投资、储蓄、税务规划和退休计划等领域做出合适的决策，对复利、财务规划、消费者权利以及资金的时间价值等基本理财概念有所掌握。通过阅读金融书籍、研究报告、逻辑分析、写作文章，可有效提高金融素养。

历史上的今天 2016年7月12日，证监会落实"三证合一"登记制度改革工作。企业依次申请的工商营业执照、组织机构代码证和税务登记证三证合为一证，提高市场准入效率；"一照一码"则是在此基础上更进一步，通过"一口受理、并联审批、信息共享、结果互认"，实现由一个部门核发加载统一社会信用代码的营业执照。

2020年·庚子年

12

宜成长

农历五月廿二

七月 星期日

记事:

股东大会审议影响中小投资者利益的重大事项时,对中小投资者表决应当单独计票。单独计票结果应当及时公开披露。

通用板块

人生没有四季，只有两季，努力就是旺季，不努力就是淡季。

历史上的今天 1998年7月13日，国务院发布《非法金融机构和非法金融业务活动取缔办法》，主要是定了对非法金融机构和非法金融业务活动取缔的程序、债权债务的清理清退办法，以及违背条例办法规定的处罚措施和相关规定，对全国的基金会、投资公司等机构的清理工作进行了明确规定。办法对整治非法金融乱象、维护正常经济金融秩序起到了重要作用。

2020年·庚子年

13

宜下厨

农历五月廿三

七月 星期一

记事：

　　信息披露义务人应当真实、准确、完整、及时地披露信息，不得有虚假记载、误导性陈述或者重大遗漏。信息披露义务人应当同时向所有投资者公开披露信息。

通用板块

深主板、中小板、创业板公司

半年报业绩预告及其修正

公告**明天**截止。

历史上的今天 1999年7月14日,中国证监会发布《关于企业申请境外上市有关问题的通知》,明确提出国有企业、集体企业及其他所有制形式的企业经重组改制为股份有限公司后,凡符合境外上市条件的,均可向中国证监会提出境外上市申请。此后掀起了1999~2005年初高科技概念股的境外上市浪潮。

2020年·庚子年

14

忌多心

农历五月廿四

七月 星期二

记事：

依照《公司法》设立的股份有限公司在符合境外上市地上市条件的基础上，可自主向中国证监会提出境外发行股票和上市申请，申请报告的内容包括公司治理结构、财务状况与经营业绩、符合境外上市地上市条件的说明、发行上市方案等。

通用板块

没有**理所当然**的成功，也

没有**毫无道理**的平庸。

历史上的今天 1991年7月15日，上海证券交易所开始向社会公布上海股市8种股票的价格变动指数，以准确反映上海证券交易所开业以后上海股市价格的总体走势。

2020 年·庚子年

15

宜自省

农历五月廿五

七月　星期三

记事：

　　上交所名称中包含"上证"的证券指数,包括但不限于上证成份指数、上证综合指数、上证分类指数、上证基金指数、上证债券指数等。深交所深证创新系列指数包括深证创新指数、中小板创新指数、创业板创新指数。

上交所

深交所

同样的一瓶**饮料**，便利店里**2 块**，五星饭店里**60 块**。很多的时候，一个人的价值取决于所在的**位置**。

历史上的今天 1969 年 7 月 16 日，阿波罗 11 号宇宙飞船发射升空成功。阿波罗 11 号 (Apollo 11) 是美国国家航空航天局 (National Aeronautics and Space Administration, NASA) 的阿波罗计划 (Project Apollo) 中的第五次载人任务，是人类第一次登月任务。

2020 年·庚子年

16

宜多才

农历五月廿六

七月 星期四

记事：

　　单独或者合计持有公司 3% 以上股份的股东，可以在股东大会召开 10 日前提出临时提案并书面提交董事会；董事会应当在收到提案后 2 日内通知其他股东，并将该临时提案提交股东大会审议。

通用板块

站在世界某一个角落，看着日出日落。

历史上的今天 1955年7月17日，位于美国加利福尼亚州安纳海姆的迪士尼乐园正式开放，成为沃特迪士尼公司旗下的首座迪士尼主题公园，开放后迅速成为世界上最具知名度和人气的主题公园。

2020 年 · 庚子年

17

宜诚实

农历五月廿七

七月 星期五

记事：

　　经股东大会批准，上市公司可以为董事购买责任保险。

通用板块

分段买高法（Piecewise Buying Method）：

  指对行情将要上涨的股票，投资者不是一次将所有的资金投入市场，而是根据股票价格的实际上涨情况，将资金分段逐步投入。这样一旦估计失误，股票价格出现下跌，他可以立即停止投入，以减少损失。分段买高法的操作要点是，认清股市大势，不与大势作对。投资者在操作时，要事先确立股票投资的程序，特别是其中的止损点，不要让随后的行情和别人的判断影响自己的操作，保持一贯性。

历史上的今天 2016年7月18日，深圳价值在线信息科技股份有限公司推出中国首款资本市场合规信息化产品——"易董"智能合规共创平台，运用A（AI人工智能）、C（Cloud 云计算）、D（Big Data 大数据）等新技术，帮助客户提升内生合规水平。在过去的4年中，易董产品帮助上市公司违规概率和信息披露差错率大幅下降，对提高上市公司质量、保护投资者利益具有深远意义。

2020 年 · 庚子年

农历五月廿八

18

忌独食

七月 星期六

记事：

　　发行人、上市公司公告的招股说明书、年度报告等信息披露资料，有虚假记载、误导性陈述或者重大遗漏，致使投资者在证券交易中遭受损失的，发行人、上市公司应当承担赔偿责任。

通用板块

▶ 在一些"专家"的眼里,世界不是在崩溃之中,就是在奔向崩溃的道路上。

▶ 正确的方式应该是无论好坏都坚持定投,更正确的方式是在不好的时候追加,以取得超额回报。

▶ 有的人经常"犯错",却是人生赢家;有的人从来"都对",却输掉了一生。

——杨天南(北京金石致远投资管理公司 CEO)

历史上的今天 1994 年 7 月 19 日,中国联合通信有限公司成立。中国联通的成立在我国基础电信业务领域引入竞争,对我国电信业的改革和发展起到了积极的促进作用。

农历五月廿九　　2020年·庚子年
19
宜分享

七月　星期日

记事：

持有公司5%以上有表决权股份的股东,将其持有的股份进行质押的,应当自该事实发生当日,向公司作出书面报告。

通用板块

人生的经历就像是**铅笔**一样,开始**很尖**,经历的多了也就变得**圆滑**了,如果承受不了就会**断**了。

历史上的今天 1984年7月20日,第一家股份有限公司——北京天桥百货股份有限公司成立,揭开了股份制改造的序幕。

2020年·庚子年

20

宜开明

农历五月三十

七月 星期一

记事:

同一表决权只能选择现场、网络或其他表决方式中的一种。同一表决权出现重复表决的以第一次投票结果为准。

通用板块

▶ 人生的每一天的每一分钟的每一件事,都是你在盖历史大厦的每一块砖。(如果)某一段砖用坏了,做了坏事,你盖很高的时候,高处不胜寒,压力一大,那个地方经不起推敲,大厦就这样摧毁了。

▶ 我一直认为,企业家的责任有3条:国家因为有你而强大,社会因为有你而进步,人民因为有你而富足。做到这3点,才能无愧于企业家的称号。

▶ 人生要读两本书,一本是"有字的书",一本是"无字的书"。有字的书记载着古今中外的故事、案例,你可以借鉴,但千万不要照搬。无字的书就是阅历、能力和见识,我们每天看的电视,跟人相处,两个人的辩论……每件事都是一本书,要懂得从中汲取精华,将其中的学问和过去结合,这才叫智慧。

——曹德旺(福耀玻璃集团创始人、董事长)

历史上的今天 2005年7月21日,经国务院批准,中国人民银行宣布:自当日起,我国开始实行以市场供求为基础、参考一篮子货币进行调节、有管理的浮动汇率制度。人民币汇率形成更富弹性的汇率机制。

2020年·庚子年

21

宜寒暄

农历六月初一

七月 星期二

记事：

创业板尚未具备两年交易经验的自然人投资者，如要求开通市场交易，应按相关要求签署《创业板市场投资风险揭示书》并抄录"特别声明"自愿承担市场风险。科创板要求首次委托买入科创板股票的客户，以纸面或电子形式签署科创板股票交易风险揭示书。

科创板　　创业板

大暑

日盛三伏暑气熏,坐闲两厌是蝇蚊。

纵逢战鼓云中起,箭射荷塘若洒金。

——左河水《大暑》

 2019年7月22日,科创板首批25家公司在上海证券交易所挂牌上市交易。截至当天收盘,科创板25只股票涨幅最高的N安集涨400.15%,涨幅最低的N新光也涨84.22%,首批25只科创板股票首日平均涨幅约140%。科创板首批公司挂牌上市交易,标志着设立科创板并试点注册制这一重大改革任务正式落地。

2020年·庚子年

22

宜寒暄

农历六月初二

七月　星期三

记事：

　　科创板对首次公开发行上市的股票，上市后的前5个交易日不设价格涨跌幅限制。

科创板

投资者情绪（Investor Mood）：

是指投资者对未来的预期带有系统性偏差，而这种带有偏差的预期就称为投资者情绪。股市中，贪婪情绪导致股市超涨时，持有者不卖，未介入者则不断追涨，形成超涨；反之，恐惧则促使不断杀跌，使股价由合理下跌转为超跌。股市是由人参与的，由于大多数投资者缺乏自制力、自主性以及输赢不计、处变不惊、不以物喜、不以己悲的超脱情怀，因而，面对股市变化，投资者情绪容易相互感染，引发共鸣。

历史上的今天 2001年7月23日，社保基金首次试水股市。社保基金入市增加市场资金供给，壮大了机构投资者的力量，也有利于其在保值的基础上实现增值的目的。

2020 年 · 庚子年

23

忌怨念

农历六月初三

七月　星期四

记事：

投资者应当充分知悉和了解科创板股票交易风险事项、法律法规和交易业务规则，结合自身风险认知和承受能力，审慎判断是否参与科创板股票交易。

科创板

如果你**经常**不按时**吃饭**，

就要按时**吃药**。

历史上的今天 1980年7月24日，中共中央在中南海为党和国家领导人开办了一个新的课堂，第一课的教师是著名科学家钱三强教授，他以《科学技术发展的简况》为题，讲授了世界科学技术发展的几个阶段及其对社会进步的影响，体现了国家对科学技术的重视。

2020 年·庚子年

24

忌喧哗

农历六月初四

七月 星期五

记事：

投资者适当性管理的实施不能取代投资者本人的投资判断，也不会降低产品或服务的固有风险，相应的投资风险、履约责任以及费用由投资者自行承担。

沪主板

女人和男人就像**股票**,本来看好的股票买**到手**就一个劲儿**下跌**,以前看不到的弱点和缺点都**暴露**出来;一旦抛出去,到别人手里又变得那么**可爱**。

历史上的今天 2005年7月25日,华菱管线股东大会通过《关于回购社会公众股的预案》,该公司成为沪深第一家回购方案获股东大会通过的上市公司。

2020年·庚子年

25

忌无能

农历六月初五

七月　星期六

记事：

___

　　上市公司因减少公司注册资本回购股份的，董事会审议通过后应当经股东大会决议，并经出席会议的股东所持表决权的 2/3 以上通过。

上交所

深交所

▶ 投资成功的秘诀就是根本没有秘诀！我的长期经验和判断告诉我，那些复杂的投资策略最后注定都会失败。实践证明，简单的投资策略反而容易成功。这种"简单性"基于根本的节俭美德、独立思考、财务纪律、现实期望和一些常识。至少在一个方面与我不谋而合，因此深受鼓舞。

▶ 别在干草堆里找针，能够持续领跑市场的明星基金经理少之又少，与其花费大量时间仅仅为了寻找到可能的"针尖"，不如忘掉那根针，买入整个草堆——选择风险分散、价格更低廉的指数基金，进行多样化投资。

——约翰·博格尔（指数基金教父）

历史上的今天 2001年7月26日，国有股减持在新股发行中正式开始，当日两市暴跌，到10月19日，沪指已从6月14日的2245点猛跌至1514点，最终该计划被叫停。

2020 年 · 庚子年

农历六月初六

26

宜喝咖啡

七月　星期日

记事：

　　公司不得在业绩说明会或一对一的沟通中发布尚未披露的公司重大信息。对于所提供的相关信息，公司应平等地提供给其他投资者。

通用板块

听说每个**中国人**平均每天摸 150 次手机，我笑了：怎么可能？明明就一次，**睡醒**拿起，**睡前**放下。

历史上的今天 2018 年 7 月 27 日，证监会发布新规，明确上市公司构成涉及国家安全、公共安全、生态安全、生产安全和公众健康安全等领域的重大违法行为的，交易所应当严格依法做出暂停、终止公司股票上市交易的决定。当年吉恩镍业、昆明机床、烯碳新材、中弘股份、ST 长生等多家公司相继被宣告退市，困扰 A 股市场多年的退市难题得到缓解。

2020年·庚子年

27

宜工作

农历六月初七

七月 星期一

记事：

对于股票已经被证券交易所决定终止上市交易的强制退市公司，证券交易所应当设置"退市整理期"，在其退市前给予30个交易日的股票交易时间。

通用板块

► 中国要发展股票市场,这是不以人们意志为转移的客观规律。

► 阳光是有效的消毒剂,电灯是最好的警察。

► 上市公司的质量左右着股票市场的发展,一要真实,不能有半点虚假;二要业绩好,有成长前景,要做到这一步,最重要的是能够切实改善治理结构,做到内有动力、外有压力,不断增强竞争力。

——刘鸿儒(第一任中国证监会主席)

历史上的今天 2004年7月28日,中国证监会与国务院国资委决定,原则同意在上市公司进行"以股抵债"试点。这是指为了纠正、解决控股股东侵占上市公司资金问题,允许上市公司依特定价格回购控股股东所持有的股份,并以回购应付价款与控股股东侵占上市公司资金所形成的负债相抵消。随后,电广传媒公布大股东"以股抵债"方案,成为第一家试点上市公司。

农历六月初八

2020 年・庚子年

28

宜从容

七月 星期二

记事：

控股股东及其他关联方与上市公司发生的经营性资金往来中，应当严格限制占用上市公司资金。控股股东及其他关联方不得要求上市公司为其垫支工资、福利、保险、广告等期间费用，也不得互相代为承担成本和其他支出。

通用板块

别只顾着**谋生**，

却忘了**活着**究竟为何。

历史上的今天 2019年7月29日，国家发展改革委、人民银行、财政部、银保监会四部门联合印发的《2019年降低企业杠杆率工作要点》，开出了一副"组合药方"，旨在打好防范化解重大风险攻坚战，使宏观杠杆率得到有效控制。

2020年·庚子年

29

忌执念

农历六月初九

七月 星期三

记事：

依法必须披露的信息，应当在国务院证券监督管理机构指定的媒体发布，同时将其置备于公司住所、证券交易所，供社会公众查阅。

通用板块

趋势投资计划调整法

（Trend Investment Scheme Adjustment Rules）：

该方法认为，股价的一种趋势（上升或者下降）一经建立，便将继续保持一个相当稳定的时期，投资者就必须保持其在市场上的地位（即多头或空头），本质上是一种时机选择策略。奉行趋势投资策略的投资者根据股票市场前期表现来决定其在股票市场上的后续投资行为，因为他们认为股票市场的运动方向不会发生变化，并且仍然会继续朝着更好的方向运动。

历史上的今天 1994年7月30日，中国证监会宣布3项"救市"措施。3项救市措施是：年内暂停新股发行与上市；严格控制上市公司配股规模；扩大入市资金范围，包括外资入市。上证综指在随后一个半月内上涨了223%，成为我国证券史上股指上涨速度最快的一次。

農曆六月初十

2020年·庚子年

30

宜澆花

七月　星期四

记事：

　　股东大会通知和补充通知中应当充分、完整披露所有提案的具体内容，以及为使股东对拟讨论的事项做出合理判断所需的全部资料或解释。拟讨论的事项需要独立董事发表意见的，应当同时披露独立董事的意见及理由。

通用板块

愿你有**前进**一寸的**勇气**，亦有**后退**一尺的**从容**。

历史上的今天 1971年7月31日，"阿波罗15"号宇航员戴维斯·R.斯科特和詹姆斯·B.欧文进行了人类首次月球车行驶，他们驾驶着4轮月球车，在崎岖不平的月球表面上，越过陨石坑和砾石行驶了数公里。

2020年·庚子年

31

宜奔跑

农历六月十一

七月 星期五

记事：

_____

_____

_____

_____

_____

_____

_____

鼓励社会保障基金、企业年金、保险资金、公募基金的管理机构和国家金融监督管理机构依法监管的其他投资主体等机构投资者，通过依法行使表决权、质询权、建议权等相关股东权利，合理参与公司治理。

通用板块

美国共同基金之父——罗伊·纽伯格

20世纪50年代,纽伯格敏锐地发现共同基金是一个绝妙的、聪明的投资方式,它把很多人的资金合并在一笔基金中,可以使小的投资者持有多个大公司的有价证券。但缺点是投资者在购买第一笔基金之前,要先交纳8.5%的佣金费,而这笔佣金费直接落入基金销售者的腰包里,这样投资者的资金也就剩下91.5%。

纽伯格认为,预付佣金不利于建立信任感和鼓励投资,应该有这样的一种基金,它之所以赢利是因为能给投资者带来收益,而不是在开始时就收取一定的佣金。于是他想建立一种不收预付佣金的共同基金。这种做法在当时是史无前例的,不但向世人展示了他非凡的投资才能,也从此奠定了他在美国投资界的教父级地位。

经过不懈努力,1950年6月1日,纽伯格的"保护者"共同基金公司成立,他建立了一种不收8.5%预付佣金的共同基金。

大家一开始并不认可这种基金。不过这种情况没有持续多久,好的东西总是能够经住时间的检验。最后,共同基金这种明智的投资方式被人们口口相传,吸引了不少小型客户。这个当初注册资金15万美元的基金只用了几年时间,基金的市值就增加到了100万美元。到1993年,共同基金资金规模达到16亿美元,而到了2008年8月已超过了2300亿美元。

和其他大多投资大师一样,纽伯格也是逆向投资者,他说:当每个人都为了他们财富增长而快乐之时,我都会提早担心股市的下跌;相反,每当股市大跌时,我反而变得非常乐观,因为它已经将我们将要面临的贬值都折现进去了。

罗伊·纽伯格
(Roy R. Neuberger,1903.7.21—2010.12.24)

美国共同基金之父,合股基金的开路先锋,代表作品有《世纪炒股赢家》《忠告:来自94年的投资生涯》。

8月

SUN	MON	TUE	WED	THU	FRI	SAT
						1 建军节
2 十三	3 十四	4 十五	5 十六	6 十七	7 立秋	8 十九
9 二十	10 廿一	11 廿二	12 廿三	13 廿四	14 廿五	15 廿六
16 廿七	17 廿八	18 廿九	19 初一	20 初二	21 初三	22 处暑
23 初五	24 初六	25 七夕节	26 初八	27 初九	28 初十	29 十一
30 十二	31 十三					

八一建军节

一丝浪漫，一段**青春**，一腔热血，

一腔沸腾，一种理想，一世**忠诚**，

一段军旅，一颗**军魂**。

历史上的今天 1991年8月1日，海南新能源股份有限公司公开发行了我国第一只可转换债券。可转换债券是向所有投资者公开发售债券，这种债券在未来可以转换为公司股票，由于其转股时间长，此前吸引力也不强，但因为它转股后能和股票一样涨，跌下来又有护垫，近年来越来越受到机构投资者的欢迎，普通投资者也可以通过可转债基金参与投资。

农历六月十二

2020 年・庚子年

01

宜仰望

八月　星期六

记事：

　　可转换公司债券自发行结束之日起 6 个月后方可转换为公司股票，转股期限由公司根据可转换公司债券的存续期限及公司财务状况确定。债券持有人对转换股票或者不转换股票有选择权，并于转股的次日成为发行公司的股东。

沪主板、深主板、中小板

创业板

▶ 我问过巴菲特在投资中不可以做的事情是什么,他告诉我说:不做空,不借钱,最重要的是不要做不懂的东西。这些年,我在投资里亏掉的美金数以亿计,每一笔都是违背老巴教导的情况下亏的,而赚到的大钱也都是在自己真正懂的地方赚的。

▶ 危机大概5~8年来一次,希望下一次来的时候你记得来这里看一眼,然后擦擦冷汗,然后把能投进去的钱全投进去。千万别借钱哦,因为没人知道市场疯狂起来到底有多疯狂。

——段永平(步步高集团创始人,投资人)

历史上的今天 2016年8月2日,国资委发布《关于国有控股混合所有制企业开展员工持股试点的意见》,《意见》明确,员工持股总量原则上不高于公司总股本的30%。相对于其他形式的激励,员工持股方式能更有效地把国有资本和人力资本及创造性劳动结合起来,在发挥国有资本作用的同时,激发人力资源的创造性劳动。

2020年 · 庚子年

农历六月十三

02

宜了解

八月 星期日

记事：

　　员工持股比例应结合企业规模、行业特点、企业发展阶段等因素确定。员工持股总量原则上不高于公司总股本的30%，单一员工持股比例原则上不高于公司总股本的1%。企业可采取适当方式预留部分股权，用于新引进人才。国有控股上市公司员工持股比例按证券监管有关规定确定。

通用板块

清风吹过,一阵阵花雨飘落下来,山野像铺上了一床彩色的大锦被。

历史上的今天 1986年8月3日,沈阳市工商局相关负责人宣布:连续亏损10年,负债额超过全部资产2/3的沈阳防爆器械厂在"破产警戒通告"一年期限内,经过整顿和拯救无效,宣告破产倒闭。这是建国后第一家正式宣告破产的国有企业。

2020 年 · 庚子年

农历六月十四

03

宜假正经

八月 星期一

记事:

可能对证券交易价格产生重大影响的信息披露前,大量买入或者卖出相关证券的异常交易行为会被予以重点监控。

上交所

深交所

浅水是**喧哗**的，

深水是**沉默**的。

历史上的今天 1998年8月4日，为落实科教兴国战略，延揽海内外中青年学界精英，培养造就高水平学科带头人，带动中国重点建设学科赶超或保持国际先进水平，由教育部和香港爱国实业家李嘉诚先生及其领导的长江基建（集团）有限公司共同筹资设立的"长江学者奖励计划"全面启动。

2020 年 · 庚子年

04

忌推脱

农历六月十五

八月 星期二

记事:

私募基金管理人已注销登记或其产品已清盘的,推荐该投资者注册的证券公司应及时向协会申请注销其科创板网下投资者资格或科创板配售对象资格。

科创板

内心若是笃定，

何惧未知风雨。

历史上的今天　1987年8月5日，我国发射了一颗科学探测和技术试验卫星，卫星在太空运行了5天后被回收。这颗卫星携带有法国的两项科学实验。这是中国第一次为外国提供卫星搭载服务。

2020年·庚子年

05

宜快乐

农历六月十六

八月 星期三

记事：

　　参与询价的网下投资者应当遵循独立、客观、诚信的原则合理报价，不得协商报价或者故意压低、抬高价格。发行人、承销商和参与询价的网下投资者，不得在询价活动中进行合谋报价、利益输送或者谋取其他不当利益。

科创板

心理风险（Psychological Risk）：

指由于投资者自身存在侥幸或是过于自信、过于从众等心理状态，而导致事故发生概率增加或损失幅度加大的风险。根据行为经济学的解释，投资中的心理风险来自于人类与生俱来的贪婪、恐惧、过于自信、从众等人性弱点，使得投资者在投资中表现出不理性的追涨杀跌、买高卖低，导致实际收益低于预期收益甚至遭受损失。

历史上的今天 1993年8月6日，上海证券交易所所有上市A股均采用集合竞价。集合竞价是指对一段时间内接收的买卖申报一次性集中撮合的竞价方式。目前世界各国股市市场均采用集合竞价的方式来确定开盘价，因为这样可以在一定程度上防止人为操纵现象。

2020年·庚子年

06

宜理论

农历六月十七

八月 星期四

记事：

上市公司大股东、董监高计划通过证券交易所集中竞价交易减持股份，应当在首次卖出的15个交易日前向证券交易所报告并预先披露减持计划，由证券交易所予以备案。

通用板块

立秋

总要有些随风,有些入梦,有些长留在心中。

历史上的今天 1984年8月7日,中国女排在美国洛杉矶举行的第23届奥运会女排决赛中,以三比零战胜美国队,夺得奥运会金牌,并赢得世界女排大赛"三连冠"的荣誉。从此,女排精神广为传颂,家喻户晓,各行各业的人们在女排精神的激励下,为中华民族腾飞顽强拼搏。

2020年·庚子年

07

宜纳凉

农历六月十八

八月 星期五

记事：

　　上市公司向原股东配售股票，应当向股权登记日登记在册的股东配售，且配售比例应当相同。

通用板块

一个今天**抵得上**两个明天。

撕一张**日历**，很简单；把握住一天，却**不容易**。

历史上的今天 2008年8月8日，第29届夏季奥林匹克运动会在北京开幕，中国以51枚金牌居金牌榜首名，是奥运历史上首个登上金牌榜首的亚洲国家。

2020年·庚子年

08

宜郊游

农历六月十九

八月 星期六

记事：

因欺诈发行之外的其他违法行为被实施重大违法强制退市的公司，自其股票进入股份转让系统挂牌转让之日起满5个完整会计年度的，强制退市公司可向交易所申请重新上市。

沪主板

深主板、中小板

► 行情总在绝望中诞生,在半信半疑中成长,在憧憬中成熟,在希望中毁灭。

► 只在高质量股票里搜寻价值。优质公司是比同类好一点的公司,例如,在市场中销售额领先的公司,在技术创新的行业中,科技领先的公司以及拥有优良营运记录、有效控制成本、率先进入新市场、生产高利润消费性产品而信誉卓越的公司。

► 跑赢大市是具有挑战性的。要胜过市场,不单要胜过一般投资者,还要胜过专业的基金经理,要比大户更聪明,这才是最大的挑战。

——约翰·邓普顿(美国邓普顿集团创始人)

历史上的今天 2002年8月9日,鞍山证券公司因严重违规经营被撤销,其在全国范围内的14家网点全部由民族证券托管,这是新中国股市产生以来被责令关闭的第一家券商。

农历六月二十

2020 年 · 庚子年

09

宜明志

八月 星期日

记事：

上市公司股票进入退市整理期的，公司在退市整理期间不得筹划或者实施重大资产重组事项。

上交所

深交所

泪水和汗水的化学成分相似，但前者只能为你换来同情，后者却可以为你赢得成功。

历史上的今天 1992年8月10日，深圳上百万人排队申购500万张新股认购抽签表，不到半天的时间，抽签表全部售完，人们愤怒情绪爆发，随后发生冲突。深圳市政府当夜紧急协商，决定增发500万张新股认购兑换表，事态慢慢得到平息。"810事件"促成了中国证监会的成立。

2020 年 · 庚子年

农历六月廿一

10

宜创新

八月　星期一

记事：

　　网下投资者在参与科创板首发股票网下询价时，应审慎选择参与项目，认真研读招股资料，深入分析发行人信息，发挥专业定价能力，在充分研究并严格履行定价决策程序的基础上理性报价，不得存在不独立、不客观、不诚信、不廉洁的行为。

科创板

笑而不语 是一种成长，

痛而不言 是一种历练。

历史上的今天 1992年8月11日，四川省证券中心发行了第一只可转换债券工益转券，很快被热炒。接着盐化、金路等8只非上市公司股票流向市场，形成了当时著名的非上市股权交易市场——红庙子市场。

农历六月廿二

2020 年 · 庚子年

11

宜精神饱满

八月 星期二

记事：

科创板连续 10 个交易日内 3 次出现连续 3 个交易日内日收盘价格涨跌幅偏离值累计达到 ±30% 的同向异常波动，属于严重异常波动情形。

科创板

固定金额投资计划法
（Fixed Amount Investment Schemes Method）：

指投资者把一定的资金分别投向不同品种（股票、债券、期货），其中，将投资于一个品种的金额固定在一个水平上，当账面盈利达到固定金额的一定比例时，就用增值部分同比例投资于另一个品种，用于增加盈利机会；反之，当账面亏损低于其固定金额时，就平掉另一个品种的头寸来增加可用资金，使投资于证券的资金总额始终保持在一个固定的水平。该方法在两种情况不适宜采用：一是涨势不衰的多头市场；二是跌风难遏的空头市场。

历史上的今天 1981年8月12日，微软公司DOS 1.0发布。DOS是磁盘操作系统的缩写，是个人计算机上的一类操作系统。从1981年直到1995年的15年间，磁盘操作系统在PC机市场中占有举足轻重的地位。

2020年·庚子年

农历六月廿三

12

宜空置

八月 星期三

记事：

　　科创板试行保荐机构相关子公司跟投制度。发行人的保荐机构通过依法设立的另类投资子公司或者实际控制该保荐机构的证券公司依法设立的另类投资子公司参与发行人首次公开发行战略配售，并对获配股份设定限售期。

科创板

别老想着"以后还来得及",有一天你会发现,有些事,真的会来不及。

历史上的今天 1985年8月13日,国务院批准了由国家科委拟订的一个促进地方经济振兴的科技项目"星火计划",准备抓一批对中小企业特别是乡镇企业有示范和推广意义,经济与科技紧密结合的"短、平、快"适用技术项目,以提高中小企业、乡镇企业和农村建设的科技水平。

2020 年 · 庚子年

13

忌糟蹋

农历六月廿四

八月 星期四

记事：

　　媒体应当客观、真实地报道涉及上市公司的情况，发挥舆论监督作用。任何机构和个人不得提供、传播虚假或者误导投资者的上市公司信息。违反前两款规定，给投资者造成损失的，依法承担赔偿责任。

通用板块

人生的冷暖取决于心灵的温度。

历史上的今天 1998年8月14日起,香港政府共动用1180亿港元外汇基金入市,先将汇市稳定在1美元兑换7.75港元的水平,后又在股指交割日挫败了国际炒家将股指打压下去的企图,给国际炒家以致命一击。这场金融战争最终以索罗斯等人的失败告终。

2020年·庚子年

14

宜付出

农历六月廿五

八月 星期五

记事：

上市公司董事与董事会会议决议事项所涉及的企业有关联关系的，不得对该项决议行使表决权，也不得代理其他董事行使表决权。该董事会会议由过半数的无关联关系董事出席即可举行，决议须经无关联关系董事过半数通过。

通用板块

▶ 任何企业都可以找最强的竞争对手打，但有一个对手你是打不过的，那就是趋势。趋势一旦爆发，就不会是一种线性的发展。它会积蓄力量于无形，最后突然爆发出雪崩效应。任何不愿意改变的力量都会在雪崩面前被毁灭，被市场边缘化。

▶ 人的成功就是可以做自己内心想做的事情，这种自由是很多人做不到的。你年轻的时候，当你有机会做你自己想干的事可能会承担风险，可能要放弃很多东西，但是这是值得的。

▶ 企业早期要快速地去了解用户、了解市场，而当你企业大到一定时候，这时你继续疯狂生长而缺乏工匠精神，可能到最后就变成了"快就是慢、慢就是快"。

——周鸿祎（奇虎 360 公司董事长）

历史上的今天 1997 年 8 月 15 日，国务院决定：沪深交易所划归中国证监会直接管理，形成集中统一的证券市场监管体制。

2020 年 · 庚子年

15

农历六月廿六

八月 星期六

宜远行

记事：

_____

_____

_____

_____

_____

_____

- -

　　公开募集基金的基金份额持有人有权查阅或者复制公开披露的基金信息资料；非公开募集基金的基金份额持有人对涉及自身利益的情况，有权查阅基金的财务会计账簿等财务资料。

通用板块

如果**上天**再给我一次**重生**的机会，我必须要选取生在**唐朝**，这样既不用学英语，也不用**减肥**。

历史上的今天 2013年8月16日，光大证券自营的策略交易系统因存在设计缺陷，连锁触发后生成巨额订单，造成大额买入。上证综指暴涨近6%，50多只权重股触及涨停，造成当天市场异动。经核查，证监会对相关人员进行了处罚，这是中国A股市场上迄今为止最大的乌龙事件。

2020年·庚子年

16

宜念旧

农历六月廿七

八月　星期日

记事：

_____

　　股东出席股东大会会议，所持每一股份有一表决权。但是，公司持有的本公司股份没有表决权。

通用板块

世界上**唯**一不变的，

就是**一切**都在**变**。

历史上的今天 2000年8月17日，深交所决定成立创业板上市规则、交易规则、登记结算规则、会员规则、发行制度研究等9个创业板筹备工作小组。这标志着深交所创业板筹备工作全面启动。2009年10月，在深圳五洲宾馆举办创业板启动仪式。

农历六月廿八

2020 年 · 庚子年

17

宜自强

八月　星期一

记事：

——————————————————————
——————————————————————
——————————————————————
——————————————————————
——————————————————————
——————————————————————

股份有限公司申请股票上市，应当符合这一条件：公开发行的股份达到公司股份总数的 25% 以上；公司股本总额超过人民币 4 亿元的，公开发行股份的比例为 10% 以上。

通用板块

太容易的路，可能根本就不能带你去任何地方。

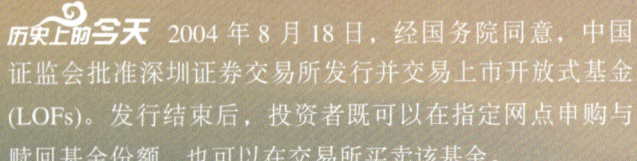 2004年8月18日，经国务院同意，中国证监会批准深圳证券交易所发行并交易上市开放式基金(LOFs)。发行结束后，投资者既可以在指定网点申购与赎回基金份额，也可以在交易所买卖该基金。

2020年·庚子年

18

宜成熟

农历六月廿九

八月 星期二

记事：

　　投资者可持结算公司人民币普通股票账户或证券投资基金账户通过场内证券经营机构在上海、深圳证券交易所认购、申购、赎回及交易上市开放式基金份额。投资者可持结算公司开放式基金账户通过场外基金销售机构认购、申购和赎回上市开放式基金份额。

通用板块

► 在交易环境下,成功属于一种特别的人:他必须能够在混乱和不确定的氛围下坚持,并且绝对不能因为失败而轻易感到失望,也不能因为成功而洋洋得意或自吹自擂。

► 从复杂的思考中找到最简单有效的方式,从繁复的投资工具中回到最初的根本,从多种盈利方式中找到最适合自己性格和思想的方式,然后用几十年去坚持。

——迈克尔·S.萧普谢尔(著名心理学家)

历史上的今天 1948年8月19日,南京国民政府下令实行币制改革,以金圆券取代法币,强制将黄金、白银和外币兑换为金圆券。但由于滥发造成恶性通货膨胀,导致政府民心大失,成为国民党内战迅速失败的原因之一。

2020年·庚子年

19

宜温暖

农历七月初一

八月 星期三

记事：

债券仅面向合格投资者公开发行并申请上市的，发行人应当在发行前向交易所申请债券上市预审核。

上交所

深交所

我们人生中最大的**懒惰**,就是当我们明知自己拥有做出**选择**的能力,却不去**主动**改变而是放任它的**生活**态度。

历史上的今天 1993年8月20日,第一只投资基金——淄博基金上市。该基金总规模为3亿元人民币,主要投资于淄博市乡镇企业及相关产业的股票或股权,同时也可投资于其他有价证券。该基金的设立,在债券、股票之外又增添了一种有价证券,丰富和发展了中国的证券市场。

2020年·庚子年

20

宜自然

农历七月初二

八月 星期四

记事：

出席股东大会的股东，应当对提交表决的提案发表以下意见之一：同意、反对或弃权。

通用板块

我们一路**奋战**不是为了**改变**世界,而是为了不让世界改变**我们**。

历史上的今天 1995 年 8 月 21 日,长虹转配股悄然上市流通。根据当时的政策,在国务院就国家股、法人股的流通问题未做规定以前,社会公众受让的法人股转配部分暂不上市。这是一起严重违规的事件,对股市人气也产生了重大影响,事后证监会严肃查处了各方肇事者。

2020年·庚子年

21

宜用心

农历七月初三

八月 星期五

记事：

上市公司申请增发、配股、非公开发行股票的，本次发行董事会决议日距离前次募集资金到位日原则上不得少于18个月。前次募集资金基本使用完毕或募集资金投向未发生变更且按计划投入的，可不受上述限制，但相应间隔原则上不得少于6个月。

通用板块

处暑方过夜新凉,几番秋雨送秋光。

苍藤翠蔓迷新月,紫蕊红葩吐晚香。

——孙玄常《处暑后戏赋》

历史上的今天 1990年8月22日,《华尔街日报》发表对中国股民杨百万的专访。杨百万真名杨怀定,原上海铁合金厂职工,在1988年从事被市场忽略的国库券买卖赚取人生第一桶金而成名,随后成为上海滩第一批证券投资大户。杨百万成为知名人物,激发了股民投资股市的热情。

2020 年 · 庚子年

22

宜充实

农历七月初四

八月　星期六

记事：

　　经营机构应当根据产品或者服务的不同风险等级，对其适合销售产品或者提供服务的投资者类型做出判断，根据投资者的不同分类，对其适合购买的产品或者接受的服务做出判断。

通用板块

赌徒心理（Gambler Mind）：

赌徒心理是指以运气、机遇为基础，凭借侥幸心理进行投资，寄希望于在短时期内获取暴利。在股票市场中，具有赌徒心理的投资者往往在毫无资料分析或者听信传言的背景下，便做出了股票操作的大胆决策，具有很大的盲目性。

历史上的今天 1999 年 8 月 23 日，第二十二届万国邮政联盟大会开幕式在北京人民大会堂隆重举行。万国邮联 189 个成员的 2300 余位代表欢聚一堂，共商 21 世纪的国际邮政大计。这是万国邮政联盟成立 125 年和中国加入万国邮政联盟 85 年来，首次在中国举行这样的大会。

2020 年 · 庚子年

23

宜找自己

农历七月初五

八月 星期日

记事：

投资者应当根据港股通投资者适当性条件及自身的风险承受能力，审慎决定是否参与港股通交易。投资者应当遵循买者自负原则，不得以不符合投资者适当性条件为由拒绝承担港股通交易及交收责任。

沪主板

深交所

人生就是，

昨天越来越多，

明天越来越少。

历史上的今天 1995年8月24日，微软正式发行 Windows95 操作系统。该操作系统大大不同于以前的版本，完全脱离 MS-DOS，带来了更强大、更稳定、更实用的桌面图形用户界面。在发行的一两年内，它成为有史以来最成功的操作系统之一。

2020 年 · 庚子年

24

忌做梦

农历七月初六

八月 星期一

记事:

投资者买卖风险警示股票和退市整理股票,应当采用限价委托方式。

沪主板

七夕

七夕今宵看碧霄，

牵牛织女渡河桥。

历史上的今天 2008年8月25日，证监会公布《关于修改上市公司现金分红若干规定的决定》，鼓励上市公司建立长期分红政策，进一步完善推动上市公司回报股东的现金分红制度。数据显示，多年坚持现金分红的上市公司，股价涨幅明显高于市场平均水平。

2020 年・庚子年

25

宜相爱

农历七月初七

八月 星期二

记事：

　　上市公司应当在章程中明确现金分红相对于股票股利在利润分配方式中的优先顺序。具备现金分红条件的，应当采用现金分红进行利润分配。采用股票股利进行利润分配的，应当具有公司成长性、每股净资产的摊薄等真实合理因素。

通用板块

▶ 成功不等于名和利的相加,成功是你内心的一个目标,在实现的过程中你会无怨无悔,并且无比快乐。

▶ 如果你的职业真是你爱的,不急做到最好。既然是喜欢,想做一辈子,着急做到顶点,以后做什么呢?

▶ 我唯一拥有的就是我的好奇,在42岁还有的好奇,艰苦的挣扎也没有磨蚀的好奇。

——张泉灵(少年得到董事长、紫牛基金创始合伙人)

历史上的今天 1980年8月26日,中华人民共和国第五届人大常委会第十五次会议决定,在中国广东省的深圳、珠海、汕头和福建省的厦门设置经济特区。中国经济特区的实践和所取得的成就,在我国改革开放中发挥了重要的试验和示范作用,已成为我国区域经济发展的重要形式。

2020 年·庚子年

农历七月初八

26

宜理性

八月 星期三

记事：

公司应充分重视网络沟通平台建设，可在公司网站开设投资者关系专栏，通过电子信箱或论坛接受投资者提出的问题和建议，并及时答复。

通用板块

地球是运动的,一个人不会永远处在倒霉的位置。

历史上的今天 2006年8月27日,十届全国人大常委会第二十三次会议通过《中华人民共和国企业破产法》。该法对规范企业破产程序,公平清理债权债务,保护债权人和债务人的合法权益,维护经济秩序起到了一定的作用。

2020年·庚子年

27

宜满足

农历七月初九

八月 星期四

记事：

　　基金份额持有人可以在申请赎回时选择将当日未获办理部分予以撤销。基金份额持有人未选择撤销的，基金管理人对未办理的赎回份额，可延迟至下一个开放日办理，赎回价格为下一个开放日的价格。

通用板块

投资三分法（Investment Trichotomy Method）：

指把全部的资产用 1/3 存入银行，1/3 买入债券、股票等有价证券，1/3 用来购买房地产等不动产。该方法兼顾了证券投资的安全性、收益性和流动性的三原则，是一种颇具参考性的投资组合与投资技巧。

历史上的今天 1991年8月28日，中国证券业协会成立。它是依据《中华人民共和国证券法》和《社会团体登记管理条例》的有关规定设立的证券业自律性组织，接受中国证监会和国家民政部的业务指导和监督管理，积极发挥政府与证券行业间的桥梁和纽带作用。

2020 年・庚子年

28

宜忘却

农历七月初十

八月 星期五

记事：

　　募集说明书可以约定赎回条款，规定上市公司可以按事先约定的条件和价格赎回尚未转股的可转换公司债券。

沪主板、深主板、中小板

创业板

所谓**理想**与**现实**之间的差距,就是夹起来以为是块**肉**,咬下去才知道原来是块**姜**。

历史上的今天 2002年8月29日,为解决退市公司股份转让问题,中国证监会决定将退市公司纳入代办股份转让试点范围。代办股份转让是证券公司以其自有或租用的业务设施,为非上市股份公司提供股份转让服务。

2020年·庚子年

29

忌勉强

农历七月十一

八月 星期六

记事：

　　上市公司应当在退市整理期届满后发布股票摘牌公告，对股票终止上市后进入全国中小企业股份转让系统挂牌转让的具体事宜做出说明，包括进入日期、股份重新确认、登记托管、交易制度等情况。

上交所

深交所

明天是所有上市公司半年报的截止日。

历史上的今天 2005年8月30日，中国证券投资者保护基金有限责任公司成立。它是由国务院出资设立，归口中国证监会管理的国有独资企业，以防范化解金融风险、保护投资者合法权益为两大核心任务。成立至今已经初步形成了由投保基金赔付、专项补偿基金赔付、行政和解金赔付组成的多主体、多层次的赔付体系。

2020年·庚子年

30

忌患得失

农历七月十二

八月　星期日

记事：

　　基金份额持有人大会及其日常机构不得直接参与或者干涉基金的投资管理活动。

通用板块

即使没有人为你**鼓掌**,也要

优雅地谢幕,感谢自己的

认真付出。

历史上的今天　2004 年 8 月 31 日,证监会发布通知暂停发行新股,IPO 将推行首发询价制度。这是 IPO 走向市场化的一步,有利于改善证券市场法制环境和维护投资者的利益。

农历七月十三

2020 年·庚子年

31

忌要求

八月 星期一

记事：

　　信息披露义务人在公司网站及其他媒体发布信息的时间不得先于指定媒体，不得以新闻发布或者答记者问等任何形式代替应当履行的报告、公告义务，不得以定期报告形式代替应当履行的临时报告义务。

通用板块

价值投资大师——乔尔·格林布拉特

1980年,格林布拉特在宾夕法尼亚大学沃顿商学院获得MBA学位之后,第二年加入了一家刚成立的对冲基金,主要做风险套利和事件驱动方面的投资。

1985年,格林布拉特以700万美元的启动资金创建了自己的对冲基金,取名为戈坦资本。这只基金的启动资金大部分来自于"垃圾债券大王"迈克尔·米尔肯。

初出茅庐的格林布拉特从起步就展现出天才般的投资能力。至2005年的20年间,在格林布拉特的操盘下,戈坦资本的资产规模从700万美元增加到8.3亿美元,年均回报率高达40%,堪称华尔街的一项投资奇迹。即便是经历了2008年的金融危机,戈坦资本的资产管理规模依然维持在9亿美元的水平,年化收益率仍高达30%。

2005年,在格林布拉特出版的一本仅有150页的小书《股市稳赚》中,他将自己的价值投资经验浓缩为一个简单易懂的"神奇公式":虽然也是以价值投资为基础,而他的方法相对于估算现金流更为简单易操作,他将其投资理念浓缩成一种神奇公式选股模式,即从资产收益率高和市盈率低的综合排名中,选择前20~30只股票,形成一个组合,分别买入并持有一年后卖出。其核心秘诀是:便宜买好货,低价买入并持有一段时间优秀公司的股票。

别小看这样一条看似浅显的公式,如果遵循格林布拉特的投资方法,在1988~2004年的17年间,投资者的投资组合回报率将达到30.8%,而同期标准普尔500指数的年复合回报率仅为12.4%。

虽然神奇公式看似简单,但是应用却不容易。连格林布拉特自己都说,"不要指望哪一本书能教会你如何在股市中赚大钱。但如果你愿意在投资上花大量时间和精力,从股市中赚钱甚至致富,依然是可期的。"

乔尔·格林布拉特
(Joel Greenblatt, 1957.12.13—)

戈坦资本的创始人和合伙经理人，哥伦比亚大学商学院的客座教授。代表作品有《股市稳赚》《股市天才》《小投资者的大秘密》等。

9月

SUN	MON	TUE	WED	THU	FRI	SAT
		1 十四	2 中元节	3 抗战胜利日	4 十七	5 十八
6 十九	7 白露	8 廿一	9 廿二	10 教师节	11 廿四	12 廿五
13 廿六	14 廿七	15 廿八	16 廿九	17 初一	18 初二	19 初三
20 初四	21 初五	22 秋分	23 初七	24 初八	25 初九	26 初十
27 十一	28 十二	29 十三	30 十四			

▶ 如果你在选个股的过程中都不知道自己到底在找什么,那感觉就像你奔跑在一个快要被点燃的炸药厂。虽然你也有可能活下来,但那不管怎样你都是一个傻瓜。

▶ 投资的秘诀是要找到真正有价值的东西,然后花很少的钱买过来。

▶ 你的投资必须要足够的多样化,使你能度过市场不好或运气不好的时候,这样你的能力和优秀的投资流程才有机会长期发挥作用。

——乔尔·格林布拉特(戈坦资本创始人)

历史上的今天 1990年9月1日,中国大陆兴建最早的高速公路——沈大高速公路(沈阳至大连)正式通车。它形成了沈阳—辽阳—鞍山—营口—大连的高速公路经济带,带动了辽宁省经济发展,这也使得沈大高速公路成为"要想富,先修路"的生动诠释。

农历七月十四

2020年·庚子年

01

宜折腾

九月 星期二

记事：

　　经金融管理部门认定，采取滚动发行等方式，使得资产管理产品的本金、收益、风险在不同投资者之间发生转移，实现产品保本保收益，属于刚性兑付，此种行为违反《关于规范金融机构资产管理业务的指导意见》，客户权益可能无法得到保障。

通用板块

万树凉生霜**气清**，中元月上九衢明。

小儿竞把清荷叶，万点**银花**散火城。

——清·庞垲《长安杂兴效竹枝体》

历史上的今天 2015年9月2日，为阻止股指期货发挥助跌作用，中金所表示，自9月7日起，沪深300、上证50、中证500股指期货客户在单个产品、单日开仓交易量超过10手的构成"日内开仓交易量较大"的异常交易行为。此后，又多次对股指期货的保证金、手续费等进行大幅提高。严控措施实行后，股指期货市场的交易量大幅萎缩。

2020年·庚子年

02

忌伤春悲秋

农历七月十五

九月 星期三

记事：

　　虚假陈述行为人在证券交易市场承担民事赔偿责任的范围，以投资人因虚假陈述而实际发生的损失为限。投资人实际损失包括：（一）投资差额损失；（二）投资差额损失部分的佣金和印花税。

通用板块

唯有以史为鉴，

才能面向未来。

历史上的今天 1993年9月3日，国务院证券委发布《关于证券监督管理机关查处证券违法、违章行为的职权的规定》，对证券监管机关的调查权限、处罚权限及证券争议、仲裁机构等做出规定。

2020年·庚子年

03

宜微笑

农历七月十六

九月 星期四

记事：

中国证监会稽查局和各派出机构均有立案权，涉案主体为拟上市公司、上市公司、非上市公众公司、证券期货经营机构、基金管理机构以及会计师事务所、律师事务所等中介服务机构的重大案件，必要时，稽查局可会签相关业务部门。

通用板块

犹豫心理（Hesitating Mind）：

　　指在做出决策时，由于迟疑、不果断而表现出左顾右盼的心理状态。证券市场中，投资者犹豫不决的主要表现是该买时不买，该卖时不卖。其根本原因是底气不足、基本功不扎实，对股市缺乏正确的认识和判断，缺乏信心，缺乏实战经验，当然也有性格的问题。

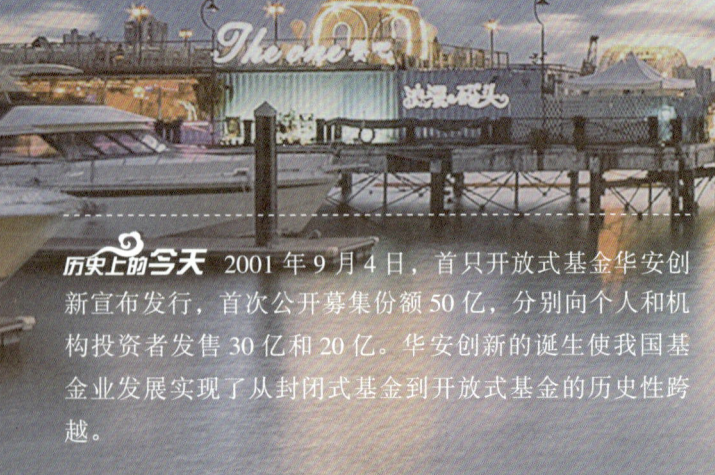

历史上的今天 2001年9月4日，首只开放式基金华安创新宣布发行，首次公开募集份额50亿，分别向个人和机构投资者发售30亿和20亿。华安创新的诞生使我国基金业发展实现了从封闭式基金到开放式基金的历史性跨越。

2020年·庚子年

04

宜微笑

农历七月十七

九月 星期五

记事：

　　网下投资者在申请科创板配售对象注册时，应当根据自身管理能力、人员配备数量、产品投资策略、产品风险承受能力等情况，合理确定参与科创板首发股票网下询价的产品范围及数量。

科创板

想 + 干 = 成功；

等 + 看 = 落空！

历史上的今天 1995年9月5日，中国证监会下发《关于对公开发行股票公司进行辅导的通知》，要求取得国家发行计划额度的公司，在其股票发行与上市的过程中，应聘请承销机构进行辅导工作。辅导期自签订证券承销协议和辅导协议期，至公司股票上市一年后止。有专业的机构辅导，可以促进企业合规上市，避免走很多不必要的弯路。

2020 年 · 庚子年

05

宜微笑

农历七月十八

九月 星期六

记事：

　　发行人和主承销商应当在申购前，披露网下投资者剔除最高报价部分后有效报价的中位数和加权平均数，以及公开募集方式设立的证券投资基金和其他偏股型资产管理产品、全国社会保障基金和基本养老保险基金的报价中位数和加权平均数等信息。

科创板

▶ 一切投资原理本质上都是对复利的解释和应用，你忠诚于复利，收益就会忠诚于你。

▶ 真正的自由其实很难，财务自由只是物质基础，它能让你物质上不委屈，但未必能让你活的更好。会生活的人，穷着也能自找快活；不会生活的人，富了依然自寻烦恼。

▶ 历史慷慨而公平的地方在于，现在的我们每个人都面临一条"长长的湿滑的雪道"；但命运必然分野的地方在于，有的人会"滚雪球"，而有的人却只会被"滑倒"——有没有雪道，决定权不再自己；学会滚雪球还是不断被滑倒，这个可就是自己决定了。

——李杰（水晶苍蝇拍）（资深投资人，《股市进阶之道》作者）

历史上的今天 2000年9月6日，举世瞩目的联合国千年首脑会议在纽约联合国总部隆重开幕。来自世界各国的150多位国家元首和政府首脑参加了这次自联合国成立以来规模最大的重要会议，各国领导人庄严重申，联合国是整个人类大家庭不可或缺的共同殿堂，今后将全力支持联合国为谋求和平、合作和发展所做的一切努力。

2020年·庚子年

06

宜憧憬

农历七月十九

九月 星期日

记事：

网下投资者通过中国证券业协会备案登记后，应当办理网下发行电子平台数字证书，与深交所签订网下发行电子平台使用协议，申请成为网下发行电子平台的投资者用户。

深交所

白露

戍鼓断人行,边秋一雁声。

露从今夜白,月是故乡明。

——唐·杜甫《月夜忆舍弟》

历史上的今天 1991年4月3日,深综指开始发布,基数为100,到9月7日,该指数已跌至45点,市场一度出现零成交。9月7日,A股历史上第一批政府救市资金入市。当时的策略是:稳住龙头深发展,带动万科、金田、安达等股票,稳住大市。由于当时市场规模很小,2亿元资金到国庆节还没用完,股市就已经成功探底,到11月中旬,深综指不但收复了100点,还创下136.9点的当年最高纪录。

农历七月二十

2020 年 · 庚子年

07

宜记得

九月　星期一

记事：

鼓励公司在遵守信息披露规则的前提下，建立与投资者的重大事项沟通机制，在制定涉及股东权益的重大方案时，通过多种方式与投资者进行充分沟通和协商。

通用板块

只有当你什么都不**奢望**的时候,

一切,也许都会**如期而至**。

历史上的今天 1987年9月8日,深圳市以协商议标形式出让有偿使用的第一块国有土地。这是中华人民共和国成立后的首次土地拍卖活动,引起了国内外人士的重视。

2020 年 · 庚子年

农历七月廿一

08

宜爱自己

九月　星期二

记事：

　　上市公司可能触及重大违法强制退市情形的，应当于知悉相关行政机关行政处罚事先告知书或者人民法院做出司法裁判当日，向交易所申请停牌，及时披露有关内容，并就其股票可能被实施重大违法强制退市进行特别风险提示。

沪主板

深交所

▶ 消费的大方向大家都看得很清楚,以前中国都靠投资和出口,但内需更为重要,国家也是重点培养内需。

▶ 大家觉得技术创新好像不是中国的强项,认为技术人才和核心技术都是在硅谷、在美国,但我并不这样认为。国内创业公司里面有很多海归创业者,他们接触了很多海外最新的技术。另外,在技术人才上,中国每年计算机工程专业毕业的本科生远远超过美国,水平上可以跟美国最好的本科毕业生相比。那么中国到底有没有真正的创新?华为已经走到全世界最前面,创业公司里面我们也有大疆在引领无人机领域。

——宓群(光速创投董事总经理)

历史上的今天 1996年9月9日,中国人民银行加入国际清算银行。国际清算银行的宗旨为促进各国中央银行之间的合作,为国际金融业务提供便利,并接受委托或作为代理人办理国际清算业务等。中国人民银行加入国际清算银行,标志着我国的经济实力和我国金融改革开放取得的成就日益得到国际上的认可,有助于促进我国金融业监管水平的提高。

2020年·庚子年

09

宜明白

农历七月廿二

九月 星期三

记事：

不进入退市整理期交易的公司应当承诺公司股票如被终止上市，将进入全国中小企业股份转让系统挂牌转让股份。

沪主板

深交所

一支粉笔,两袖清风,

三尺讲台,四方育才。

历史上的今天 2001年9月10日,由于被媒体揭露业绩做假,银广夏开始连续跌停,其股价连续15个跌停,从停牌前的30.79元至第15个跌停价6.35元,跌幅79%。

2020年·庚子年

10

忌相似

农历七月廿三

九月　星期四

记事：

　　虚假陈述行为人在证券发行市场虚假陈述，导致投资人损失的，投资人有权要求虚假陈述行为人以因虚假陈述而实际发生的损失为限赔偿损失；导致证券被停止发行的，投资人有权要求返还和赔偿所缴股款及银行同期活期存款利率的利息。

通用板块

长大是件很有意思的事，**不经意间**，我们都不再是**原来**的样子。

历史上的今天 2001年9月11日，美国发生"9·11"恐怖袭击事件，美国股市关闭一周，但在9月17日股市重新开盘后，尽管美联储和欧央行分别突然降息0.5个百分点以稳定人们的信心，支持股市，道琼斯当天还是下跌了7.1%，其后又连续两天小幅下跌。

2020年·庚子年

11

宜高尚

农历七月廿四

九月 星期五

记事：

中小投资者保护机构应当在上市公司治理中发挥积极作用，通过持股行权等方式多渠道保护中小投资者合法权益。

通用板块

有时候挺**讨厌**自己的，不会说话，太过**善良**，没什么心眼，还这么**可爱**。

历史上的今天 1958年9月12日，在罗伯特·诺伊斯（英特尔公司创始人）的领导下，集成电路诞生，不久又发明了微处理器。集成电路目前已经在各行各业中发挥着非常重要的作用，是现代信息社会的基石。

2020年·庚子年

12

宜看清

农历七月廿五

九月 星期六

记事：

最高人民法院依法审理证券市场虚假陈述、内幕交易、操纵市场的民事案件，保障证券投资者的合法权益。支持证券投资者保护机构以诉讼代表人的身份接受投资者委托提起诉讼或者提供专门法律服务，拓展投资者维权方式。

通用板块

股市周期循环论（Stock Market Cycle Theory）：

指无论什么样的价格波动，都不会向一个方向永远走下去，价格的波动过程必然产生局部的高点和低点，这些高低点的出现在时间上有一定规律的理论。其考察的重点是时间因素，将股市分为低迷期、青年上涨期、反动期、壮年上涨期、老年上涨期、下跌幼年期、中间反弹期、下跌壮年期和下跌老年期等 10 个阶段。

历史上的今天 2004 年 9 月 13 日，温家宝总理主持召开国务院常务会议，强调要抓紧落实《国务院关于推进资本市场改革开放和稳定发展若干意见》（简称国九条）的各项措施，切实保护投资者利益，促进资本市场健康稳定发展。沪深股市因此连续 3 天大幅上扬，沪指从 1260 点到 1371 点，上涨 111 点，涨幅近 10%。

2020 年 · 庚子年

13

宜读诗

农历七月廿六

九月 星期日

记事：

　　督促上市公司以投资者需求为导向，履行好信息披露义务，严格执行企业会计准则和财务报告制度。规范上市公司控股股东、实际控制人行为，保障公司独立主体地位，维护各类股东的平等权利。

通用板块

人生该走的弯路，

其实一米都少不了。

历史上的今天 2008年9月14日，美国雷曼公司宣布破产，次日华尔街迎来名副其实的"黑色星期一"，美股暴跌，道琼斯指数创"9·11"事件以来单日最大下跌点数与跌幅，全球股市也随之一泻千里，全球金融危机一触即发。

2020 年 · 庚子年

14

宜放下

农历七月廿七

九月 星期一

记事：

　　股东大会做出决议，必须经出席会议的股东所持表决权过半数通过。但是，股东大会做出修改公司章程、增加或者减少注册资本的决议，以及公司合并、分立、解散或者变更公司形式的决议，必须经出席会议的股东所持表决权的 2/3 以上通过。

通用板块

▶ 在考察了超过 80 年的价值投资历程后,我们现在可以得出一个基本的判断,那就是,投资者如果要获得持续性的成功,那么价值投资就是一个很好的选择。但在这其中,投资者首先必须构建一个价值投资的系统性思维。

▶ 只有很少投资者会考虑公司 5~10 年后的情况,所以考虑长远一点可以超过大多数人。

▶ 价值投资本质上就是保守主义,这是价值投资策略所决定的。保守主义体现在术的层面上,就是安全边际。

——姚斌(一只花蛤)(资深投资人,《在苍茫中传灯》作者)

历史上的今天 1985 年 9 月 15 日,国务院批准《关于抓一批"短、平、快"科技项目,促进地方经济振兴》的发展计划,即"星火计划"。根据这项计划,国家科委将帮助各地抓一批对中小企业特别是乡镇企业有示范和推广意义的、科技与经济紧密结合的"不显眼"的适用科技项目,以提高中小企业、乡镇企业和农村建设的科学技术水平,为地方经济的进一步发展植入新的胚胎。

2020 年 · 庚子年

农历七月廿八

九月 星期二

15

宜醒悟

记事：

　　鼓励机构投资者公开其参与上市公司治理的目标与原则、表决权行使的策略、股东权利行使的情况及效果。

通用板块

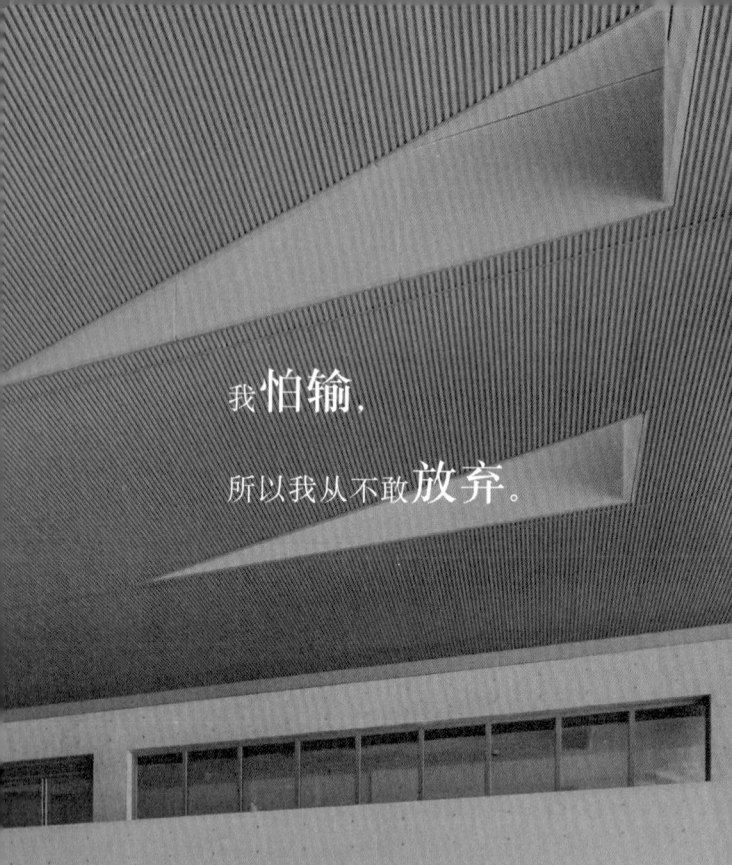

我**怕输**，

所以我从不敢***放弃***。

历史上的今天 1988年9月16日，经国务院批准，中国核工业总公司成立。该公司是在原中国核工业部基础上由100多家企事业单位和科研院所组成，主要承担核军工、核电、核燃料、核应用技术等领域的科研开发、建设和生产经营，以及对外经济合作和进出口业务。

2020年·庚子年

16

忌遗忘

农历七月廿九

九月 星期三

记事:

　　累积投票制,是指股东大会选举董事或者监事时,每一股份拥有与应选董事或者监事人数相同的表决权,股东拥有的表决权可以集中使用。

通用板块

▶ 一个人想要成功,就要学会在机遇从头顶上飞过时,跳起来捉住它。这样逮到机遇的机会就会增大。

▶ 成功者一碰到题目就马上动手开始解决。他们不花费时间发愁,因为发愁不能解决任何题目,只会不断增加忧虑、浪费时间。

▶ 任何时候,人的脑子都会有很大一部分没有使用,因此,当你放眼四周时,就可以充分利用大脑。

——比尔·盖茨(微软创始人)

历史上的今天 2011年9月17日,在"占领华尔街"这一口号的号召下,纽约近千人爆发抗议活动,他们的意图是要反对美国政治的权钱交易、两党政争以及社会不公正。

2020 年 · 庚子年

17

宜独特

农历八月初一

九月　星期四

记事：

　　公司债券发行人和承销机构不得直接或通过其利益相关方向参与认购的投资者提供财务资助。

通用板块

所谓的**诗和远方**,不过是,要把眼前的**苟且**,**熬**过了才有。

历史上的今天 1996年9月18日,中国电信与新加坡电信GSM移动电话国际自动漫游协议在京签署,开通仪式也同时举行。这是我国移动电话首次跨出国门漫游,它标志着我国移动通信已由地区性自动漫游向国际性漫游迈进。

2020 年·庚子年

18

宜做梦

农历八月初二

九月　星期五

记事：

禁止任何人挪用公款买卖证券。

通用板块

保持对**生活**的爱和**热忱**，

把每一天**活得**热气腾腾。

历史上的今天 2008年9月19日，为确保国家对工、中、建三行等国有重点金融机构的控股地位，汇金公司开始回购工、中、建三大银行股，同日印花税改为单边征收（千分之一）。当天股市受此提振大涨，银行股集体涨停。

2020 年·庚子年

19

宜前进

农历八月初三

九月 星期六

记事：

　　个人股东亲自出席股东大会的，应出示本人身份证或其他能够表明其身份的有效证件或证明、股票账户卡；委托代理他人出席会议的，应出示本人有效身份证件、股东授权委托书。

通用板块

急躁心理(Irritable Mind):

指很想实现某个价值目标,但还没有准备好而表现出不冷静的心理状态,容易表现为急躁和缺乏耐心。但由于投资是着眼于未来的收益,必然会有时间的因素在内,这就意味着投资需要时间、需要耐心,急躁乃投资大忌。

历史上的今天 1991年9月20日,全国清理"三角债"全面启动。截至1992年7月末,除少部分不符合贷款条件及国家产业政策的项目外,全国基本建设和技术改造建设在1991年年底以前形成的拖欠已基本清理完毕,比原计划提前一年。这一进展为大中型企业缓解了债务链负担,从而为国民经济合理增长创造了良好条件。

2020年·庚子年

20

宜衡量

农历八月初四

九月　星期日

记事：

　　未填、错填、字迹无法辨认的表决票或未投的表决票均视为投票人放弃表决权利，其所持股份数的表决结果应计为"弃权"

通用板块

没有那么多**过不去**的事,只有一颗不够**勇敢**的心,最终使你**脱颖**而出的,不是天赋异禀,而是**持之以恒**。

历史上的今天 2005年9月21日,中国证券业协会发布修订后的《证券分析师职业道德守则》。促使中国证券分析师更好地履行职责,保持应有的职业行为规范,保证并不断提高执业水准,在公众中树立良好的职业形象。

2020年·庚子年

农历八月初五

21
忌比较

九月 星期一

记事：

证券分析师应当通过公司规定的系统平台发布证券研究报告，不得通过短信、个人邮件等方式向特定客户、公司内部部门提供或泄露尚未发布的证券研究报告内容和观点，不得通过论坛、博客、微博等互联网平台对外提供或泄露尚未发布的证券研究报告内容和观点。

通用板块

秋淡然着，悄悄而来，片片秋叶**起舞**着希望，花瓣一地，落入**尘埃**。

历史上的今天 2016年9月22日，为促进我国钢铁行业健康发展，加快产能过剩行业兼并重组，经国务院国资委批准，宝钢集团与武钢集团实施联合重组，组建"中国宝武钢铁集团有限公司"，作为重组后的母公司，武钢集团整体无偿划入，成为其全资子公司。

2020 年 · 庚子年

农历八月初六

22

宜规划

九月 星期二

记事：

经营机构向普通投资者销售高风险产品或者提供相关服务，应当履行特别的注意义务，包括制定专门的工作程序，追加了解相关信息，告知特别的风险点，给予普通投资者更多的考虑时间，或者增加回访频次等。

通用板块

路有很多条，向**左**，向**右**，向**前**，当然还有回转，无论哪条，只要**坚持**，必有回响。

历史上的今天 2005年9月23日，由上交所和深交所共同发起设立的中证指数有限公司在上海成立。它是中国规模最大、产品最多、服务最全、最具市场影响力的金融市场指数提供商，管理各类指数近4000条。

2020 年·庚子年

23

宜相信

农历八月初七

九月 星期三

记事：

　　经营机构与个人投资者签署港股通委托协议前，应当对个人投资者是否符合投资者适当性条件进行核查，对个人投资者的资产状况、知识水平、风险承受能力和诚信状况等进行综合评估。

沪主板

深交所

- 没有不能改善的人生,没有不能走出的困境。
- 选择决定命运,认知决定选择。世界很大,变化很快。你必须养成随时随地跨界学习的习惯和能力,不断探索那些与自己的专业貌似无关的知识新边疆。
- 你一定要雇到比你牛的人,才能做成一个大牛的公司。找比自己牛的人要征服自己人性中的一些弱点,让最有才华的人在你身边闪光,这是创办企业最难的东西。

——徐小平(真格基金创始人)

历史上的今天 1996年9月24日,上交所决定,从10月3日起分别下调股票、基金交易佣金和经手费标准;同时对证券交易方式做出重大调整,即由原来的有形席位交易方式改为有形无形相结合,并以无形为主的交易方式。自10月份起全面推广场外无形席位报盘交易方式。

2020年·庚子年

农历八月初八

24
宜简单

九月 星期四

记事：

经营机构应当根据《上海证券交易所风险警示板股票交易管理办法》（2018年修订）要求对个人投资者参与退市整理股票交易的适当性进行审慎评估，不得接受不符合适当性条件的投资者买入退市整理股票的委托。

沪主板

人只有将寂寞坐断，才可以重拾喧闹；把悲伤过尽，才可以重见欢颜；把苦涩尝遍，就会自然回甘。

历史上的今天 2016年9月25日，被誉为"中国天眼"具有我国自主知识产权的世界最大单口径巨型射电望远镜——500米口径球面射电望远镜（FAST）在贵州平塘落成启动。

2020年·庚子年

25

宜热忱

农历八月初九

九月 星期五

记事：

上市公司受到证监会行政处罚或深交所公开谴责的，应当在5个交易日内采取网络方式召开公开致歉会，向投资者说明违规情况、违规原因、对公司的影响及拟采取的整改措施。

深主板、中小板

创业板

生命里的每一次**创伤**都是一种**成熟**，每一次**失去**都是一种**获得**。

历史上的今天 1986年9月26日，第一个证券柜台交易点———中国工商银行上海信托投资公司静安分公司成立，挂牌代理买卖飞乐音响公司和延中实业公司股票。这是上海第一家经营证券柜台交易业务的场所，也是新中国首次开办股票交易。

2020年·庚子年

26

忌变味

农历八月初十

九月 星期六

记事：

　　上交所对上市公司投资者关系管理工作的实施情况进行监督检查，并通过上交所网站、热线电话等方式接受投资者关于上市公司投资者关系管理工作的投诉。

沪主板

博傻理论（Bigger Fool Theory）：

指在高价位买进股票，等行情上涨到有利可图时迅速卖出，这种操作策略通常在股市处于上升行情中适用。从理论上讲博傻也有其合理的一面，博傻策略是高价之上还有高价，低价之下还有低价，其游戏规则就像接力棒，只要不是接最后一棒都有利可图，做多者有利润可赚，做空者减少损失，只有接到最后一棒者倒霉。

历史上的今天 1987年9月27日，新中国第一家证券公司——深圳经济特区证券公司成立，它承销了万科等公司的股票发行，其后万国、华夏、海通、南方等券商陆续成立。

2020 年 · 庚子年

27

宜 期待

农历八月十一

九月 星期日

记事：

公司应努力为中小股东参加股东大会创造条件，充分考虑召开的时间和地点以便于股东参加。

通用板块

做与不做的最大区别是：

后者拥有对前者的**评论权**。

历史上的今天 1993年9月28日，中国人类基因组研究正式启动。人类基因组研究计划是当前国际生物学、医学领域内一项最引人注目的课题和跨世纪工程。1985年，美国科学家首先提出时，将其与曼哈顿原子弹计划和阿波罗登月计划置于同等重要的战略地位。目前美国、欧盟、日本等都先后提出了各自的人类基因组研究计划。

农历八月十二

2020 年·庚子年

28

宜开脑洞

九月　星期一

记事：

_____

_____

_____

_____

_____

_____

_____

- - - - - - - - - - - - - - - - -

经金融管理部门认定，资产管理产品的发行人或者管理人违反真实公允确定净值原则，对产品进行保本保收益，属于刚性兑付，此种行为违反《关于规范金融机构资产管理业务的指导意见》，客户权益可能无法得到保障。

通用板块

明明可以**靠脸**吃饭,你却这样**努力**的工作,这就是你和明明的区别!

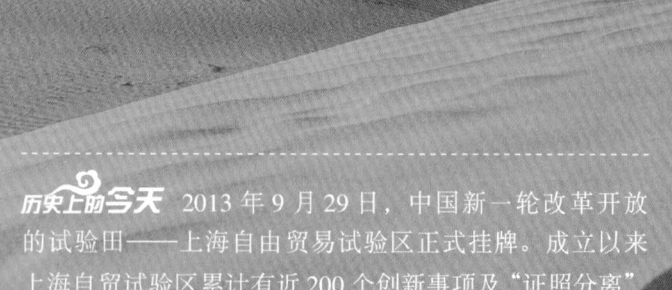

历史上的今天 2013年9月29日,中国新一轮改革开放的试验田——上海自由贸易试验区正式挂牌。成立以来上海自贸试验区累计有近200个创新事项及"证照分离"改革试点制度创新成果在全国复制推广,发挥了改革开放"试验田"作用。

2020 年·庚子年

29

忌纠缠

农历八月十三

九月 星期二

记事：

个人转让股票时，按照先进先出的原则计算持股期限，即证券账户中先取得的股票视为先转让。应纳税所得额以个人投资者证券账户为单位计算，持股数量以每日日终结算后个人投资者证券账户的持有记录为准，证券账户取得或转让的股份数为每日日终结算后的净增（减）股份数。

通用板块

- 巨幅震荡的波动特性是所有股票市场的特征,即使是最成熟的市场也不例外。

- 在很坏的时机要买进绩优的股票;在很好的时机要买进投机的股票。

- 如果某家公司的资产净值除以全部股数所得出的每股数字高于每股的市价,那么就可以认定,它是一支股价被低估的股票。

——马克·墨比尔斯(美国富兰克林坦伯顿基金集团执行副总裁,新兴市场投资教父)

历史上的今天 1993年9月30日,深宝安宣布持有上海延中普通股超过5%,开创中国收购上市公司首例,遭到延中抵抗,史称"宝延风波"。最后在证监会的协调下,宝延风波才得以平息。1993年10月22日,证监会肯定深宝安购入延中股票是市场行为,持股有效;但对深宝安信息披露不及时处以100万元罚款。至此,深宝安得以顺利进入延中。

农历八月十四

2020年·庚子年

30

宜有教养

九月　星期三

记事：

　　投资者及与其一致行动的他人可以通过取得股份的方式成为一个上市公司的控股股东，可以通过投资关系、协议、其他安排的途径成为一个上市公司的实际控制人，也可以同时采取上述方式和途径取得上市公司控制权。

通用板块

"耶鲁投资泰斗"——大卫·斯文森

有人称大卫·斯文森为机构投资界的沃伦·巴菲特,他还被《耶鲁校友》杂志誉为"耶鲁价值80亿美元的人"。

斯文森早年师从诺贝尔经济学奖得主托宾。1980年,27岁的斯文森,怀揣耶鲁大学博士学位,来到了华尔街,并很快赢得了声誉。

1985年,在托宾和当时耶鲁大学教务主任威廉的大力举荐下,斯文森被任命为耶鲁捐赠基金的投资主管。27年期间,他把10亿美元的资产变成239亿美元,27年的年化收益率达到13.9%。相对而言,1970~1982年,耶鲁捐赠基金的投资回报率很低,年均净收益率仅为6.5%。

2003年,哈佛经济学家乔希·勒纳的研究表明:耶鲁捐赠基金在过去5年中,一大半的优异表现都得归功于所挑选的基金人才。斯文森挑选人才有独特的眼光,选人很苛刻,他喜欢有激情的人,对自己从事的行业狂热的人。他通过挑选聪明优秀的基金管理人组成精简出色的团队,将耶鲁的捐赠基金分派给100多个不同的经理人,包括几十只对冲基金,并强调基金管理的透明度。

斯文森雇用了耶鲁老同学迪恩·塔卡哈西为自己的战略伙伴。两人花了数年的时间评估各种投资组合,考虑不同的投资战略。从资产配置组合上看,耶鲁大学基金在1985年时仅有股票和债券两类;到2016年,这一基金的构成还包括房地产、风险投资、杠杆收购、自然资源以及投资绝对收益。投资组合降低了波动性,从而提高了收益率。

斯文森相信,在资产配置方面,你要创造一个股权导向的多元化投资组合,别太寄望于市场时机选择。证券选择方面,要考虑自身能力与市场有效性,从而决定是采用被动型管理还是主动型管理。

大卫·斯文森
（David F. Swensen, 1954—）

耶鲁大学首席投资官,由其主导的"耶鲁模式"使他成为机构投资的教父级人物。代表作品有《机构投资的创新之路》和《不落俗套的成功》。

10月

SUN	MON	TUE	WED	THU	FRI	SAT
				1 中秋节	2 十六	3 十七
4 十八	5 十九	6 二十	7 廿一	8 寒露	9 廿三	10 廿四
11 廿五	12 廿六	13 廿七	14 廿八	15 廿九	16 三十	17 初一
18 初二	19 初三	20 初四	21 初五	22 初六	23 霜降	24 初八
25 重阳节	26 初十	27 十一	28 十二	29 十三	30 十四	31 十五

欢度国庆 中秋

▶ 改革开放铸就的伟大改革开放精神,极大丰富了民族精神内涵,成为当代中国人民最鲜明的精神标识!

▶ 古人说:"事者,生于虑,成于务,失于傲。"伟大梦想不是等得来、喊得来的,而是拼出来、干出来的。

▶ 信仰、信念、信心,任何时候都至关重要。小到一个人、一个集体,大到一个政党、一个民族、一个国家,只要有信仰、信念、信心,就会愈挫愈奋、愈战愈勇,否则就会不战自败、不打自垮。

▶ 建成社会主义现代化强国,实现中华民族伟大复兴,是一场接力跑,我们要一棒接着一棒跑下去,每一代人都要为下一代人跑出一个好成绩。

——习近平(中共中央总书记、国家主席、中央军委主席)

历史上的今天 2016年10月1日,人民币正式纳入国际货币基金组织(IMF)特别提款权(SDR)货币篮子,新的SDR货币篮子包含美元、欧元、人民币、日元和英镑5种货币,权重分别为41.73%、30.93%、10.92%、8.33%和8.09%。人民币纳入SDR是人民币国际化的里程碑,是对中国经济发展成就和金融业改革开放成果的肯定,有助于增强SDR的代表性、稳定性和吸引力,也有利于国际货币体系改革向前推进。

农历八月十五

2020 年 · 庚子年

01

宜得到

十月 星期四

记事：

　　经金融管理部门认定，协议约定资产管理产品不能如期兑付或者兑付困难时，发行或者管理该产品的金融机构自行筹集资金偿付或者委托其他机构代为偿付，此种约定或者行为属于刚性兑付，此种行为违反《关于规范金融机构资产管理业务的指导意见》，客户权益可能无法得到保障。

通用板块

人生的坚强，不是**期望**每一缕**阳光**，都能将自己**照亮**，而是在**绝望**的时候，懂得为自己开一扇**窗**。

历史上的今天　1925年10月2日，英国发明家贝尔德发明电视。从此，电视走进了人们的生活，它为人们的生活增添了无穷的乐趣。

2020年·庚子年

02

忌驯服

农历八月十六

十月 星期五

记事：

根据《最高人民法院关于审理证券市场因虚假陈述引发的民事赔偿案件的若干规定》，投资人持股期间基于股东身份取得的收益，包括红利、红股、公积金转增所得的股份以及投资人持股期间出资购买的配股、增发股和转配股，不得冲抵虚假陈述行为人的赔偿金额。

通用板块

试探性投资法(Exploratory Approach):

当投资者怕把握不了时机,想投资担心造成损失、不投资又怕错失良机时,进行试探性投资的方法。新股民在股票投资中,常常把握不住最适当的买进时机。在实际中采用这种方法时,先买进一部分股票以观察动态,然后再进行决策。如果股价走势稳健,且有上涨的可能,便可以继续买进,试探性投资后,如果股价趋向下降,一般在降到相当程度后,再进行买进,以降低平均购进成本。

历史上的今天 1997年10月3日,我国规模最大的软件园——东大软件园,在沈阳高新技术产业开发区举行了开园庆典。东大软件园的开园,标志着我国软件产业开始步入大规模的产业化发展阶段。

2020 年·庚子年

03

宜恋家

农历八月十七

十月　星期六

记事：

投资者买卖证券成交的，应当按规定向代其进行证券买卖的会员交纳佣金。

上交所

深交所

小时候枕头上都是口水，长大后枕头上都是泪水；小时候，微笑是一种心情，长大后，微笑是一种表情。

历史上的今天 1973年10月4日，中国科学院生物学教授童第周和他的学生牛满江，第一次通过动物实验证明细胞质里的信息核糖核酸对细胞的分化、个体发育和性状遗传有明显作用。这一实验的成功，不但为细胞遗传学的基础理论做出贡献，并且为医学和农业的实践开辟新的广阔道路。

2020年·庚子年

04

忌叹气

农历八月十八

十月 星期日

记事：

若持有特别表决权股份的股东向他人转让所持有的特别表决权股份，或者将特别表决权股份的表决权委托他人行使，特别表决权股份应当按照1:1的比例转换为普通股份。

科创板

如果我做不了**大事**，我至少能把**小事**做得大气一点。

历史上的今天 1991 年 10 月 5 日，Linux 操作系统诞生。Linux 继承了 Unix 以网络为核心的设计思想，是一个性能稳定的免费使用和自由传播的多用户网络操作系统。

农历八月十九

2020年·庚子年

05

宜佛系

十月　星期一

记事：

　　首次公开发行股票网下投资者申购数量低于网下初始发行量的，发行人和主承销商应当中止发行，不得将网下发行部分向网上回拨。网上投资者申购数量不足网上初始发行量的，可以回拨给网下投资者。

科创板

你要**储蓄**你的可爱，**眷顾**你的善良，当这个世界越来越**坏**时，只希望你能越来越**好**。

历史上的今天 2008年10月6日，受美国次贷危机造成的全球性金融危机逐步恶化的影响，铜期货带领几乎所有期货暴跌，铜期货在不到一个月时间里出现10个跌停板，有色金属股随之暴跌。

2020年·庚子年

06

宜告白

农历八月二十

十月 星期二

记事：

　　首次公开发行股票，可以通过向网下投资者询价的方式确定股票发行价格，也可以通过发行人与主承销商自主协商直接定价等其他合法可行的方式确定发行价格。公开发行股票数量在2000万股（含）以下且无老股转让计划的，可以通过直接定价的方式确定发行价格。

通用板块

幸福其实很简单：有人爱，有事做，有所期待。

历史上的今天 2013年10月7日，上交所发布并正式实施《上海证券交易所上市公司信息披露工作评价办法（试行）》。上交所将根据上市公司信息披露工作评价结果对上市公司实施分类监管。上交所在职责范围内对上市公司再融资、并购重组等市场准入事项出具持续监管意见时，将参考上市公司评价结果提出意见。

农历八月廿一

2020 年·庚子年

07

宜蜕变

十月 星期三

记事：

　　上市公司披露重大资产重组报告书后，启动对本次重组的分项评价。"上市公司信息披露和规范运作状况"评价由地方证监局和交易所负责。评价结果分为 A、B、C、D 四类，结果为 A 的列入豁免/快速审核类，结果为 B、C 的列入正常审核类，结果为 D 的列入审慎审核类。

沪主板

深交所

薄薄轻轻寒露雨，微微飒飒早秋风。

小舟办了松江去，占取三高作钓翁。

——宋·俞桂《即事》

历史上的今天 1997年10月8日，国务院原则通过《证券投资基金管理暂行办法》。这是我国证券市场规范发展的又一重要步骤，对促进证券市场的健康、稳定发展具有积极作用。

2020年·庚子年

08

宜行动

农历八月廿二

十月 星期四

记事：

　　交易所做出对上市公司股票实施重大违法强制退市决定的，按照《股票上市规则》的规定，依序对公司股票实施退市风险警示（创业板为定期披露暂停上市风险提示公告）、暂停上市和终止上市。

沪主板

深交所

趋势理论（Tendency Theory）：

指一旦市场形成了下降（或上升）的趋势后，就将沿着下降（或上升）的方向运行。趋势线是用划线的方法将低点或高点相连，利用已经发生的事例，推测次日大致走向的一种图形分析方法。正确地划出趋势线，人们就可以大致了解股价的未来发展方向，按所依据波动的时间长短不同，便出现3种趋势线：短期趋势线（连接各短期波动点）、中期趋势线（连接各中期波动点）、长期趋势线（连接各长期波动点）。

历史上的今天 1980年10月9日，以中科院物理所研究员陈春先为首的一批科技人员，组成"等离子学会先进技术发展服务部"，最早以一种准企业的方式尝试将科技成果直接转化为社会生产力，开始了在中关村艰难创业的过程。被誉为中国硅谷的中关村科技园区就此开始起步。

2020 年 · 庚子年

农历八月廿三

09

宜觉醒

十月 星期五

记事：

　　获配首发股票的网下投资者，应当在获配首发股票上市后的 15 个工作日内分别就其获配首发股票于上市首日、第三日和第十日收盘时的股票余额情况向中国证券业协会报送。

通用板块

想想，说人生无悔，都是赌气的话。

人生若无悔，那该多无趣啊。

历史上的今天 2010年10月10日，国务院做出《关于加快培育和发展战略性新兴产业的决定》。指出，用20年时间，使节能环保、新一代信息技术等战略性新兴产业整体创新能力和产业发展水平达到世界先进水平。

农历八月廿四　2020 年·庚子年　十月 星期六

10

忌追问

记事：

　　深交所主板/中小板/创业板上市公司连续 20 个交易日股东人数低于 2000 人/1000 人/200 人，上交所/科创板上市公司股东数量连续 20 个交易日每日均低于 2000 人/400 人，由交易所决定终止其股票上市。

沪主板

科创板

深主板、中小板

创业板

► 每一个年轻的大脑都是一座富矿,一个公平的社会里财富应该不断被勤奋的年轻人创造和再分配。新经济给了有梦想、有野心的年轻人去改变和逆袭的机会。

► 企业的价值主要在团队身上。一个一流的团队,哪怕给他二流的方向,也能做出二流以上的项目;但一个三流的团队,哪怕给他一流的方向和最好的资源,最后也只是四流的结果。

► 在创业过程中失败是非常正常的事情,越早失败、越快的失败,才越可能成功。对于创业者来说,成功的反义词不是失败,是放弃。在企业成长的每个至暗时刻都需要心力加持,你的内心越强大,人生和创业路就会越从容。

——吴世春(梅花天使创投创始合伙人)

历史上的今天 1986 年 10 月 11 日,国务院发布《关于鼓励外商投资的规定》,鼓励外国投资者在中国境内举办中外合资经营企业、中外合作经营企业和外资企业。宝洁、联合利华、强生等世界五百强知名企业陆续来到中国。

农历八月廿五

2020年·庚子年

11

宜真诚

十月 星期日

记事：

证券投资者保护基金是指按照《证券投资者保护基金管理办法》（2016年修订）筹集形成的、在防范和处置证券公司风险中用于保护证券投资者利益的资金。设立国有独资的中国证券投资者保护基金有限责任公司，负责基金的筹集、管理和使用。

通用板块

想要一个东西就去**买**,喜欢一个人就去**追**,哪怕最后那个东西没有用,那个人没有跟你**在一起**,都没有关系,人生苦短,要知道**遗憾**要比失败可怕得多。

历史上的今天 1992年10月12日,中国证券监督管理委员会成立,资本市场逐步纳入全国统一监管,中国的股票交易走上了正规化和法制化的轨道。

农历八月廿六

2020年·庚子年

12

宜真诚

十月 星期一

记事：

___

　　最高人民法院引导金融产品提供者及服务提供者切实履行投资者适当性审查义务、信息披露义务和最大损失揭示义务，依法维护投资者的正当权益。

通用板块

永远不要**放弃**你真正**想要**的东西。

等待**虽难**,但**后悔**更甚。

历史上的今天 1999 年 10 月 13 日,《境内企业申请到香港创业板上市审批与监管指引》经国务院批准,由中国证监会发布。此后,各种所有制形式的企业均可申请到香港创业板上市。

农历八月廿七

2020年·庚子年

13

宜早睡

十月 星期二

记事:

境内企业申请到香港创业板上市,需要满足其中的条件之一是属于经省政府或国家经贸委批准,依法设立并规范运作的股份有限公司。

通用板块

明天是深主板、中小板、科创板公司三季报业绩预告及其修正公告截止日。

历史上的今天 1992年10月14日,中国成为世界上最早最全面的国际版权保护公约——《伯尔尼公约》的第93个成员国。这标志着我国知识产权保护体系已全面进入与世界同步水平。

农历八月廿八

2020 年 · 庚子年

14

忌规劝

十月 星期三

记事：

　　股东有权查阅公司章程、股东名册、公司债券存根、股东大会会议记录、董事会会议决议、监事会会议决议、财务会计报告，对公司的经营提出建议或者质询。

通用板块

我们最常犯的**错误**，就是**陌生人**惹我们生气，最后我们一不留神，却把**气**撒到最亲的人身上。

历史上的今天 2005年10月15日，中银国际证券有限责任公司、中原证券股份有限公司、兴业证券股份有限公司、广发华福证券有限责任公司、南京证券有限责任公司、西部证券股份有限公司、国海证券有限责任公司7家证券公司通过评审，从而成为首批规范类券商。

2020 年・庚子年

15

忌走散

农历八月廿九

十月 星期四

记事：

　　关联交易合同存在无效或者可撤销情形，公司没有起诉合同相对方的，符合《公司法》定条件的股东，可以依据《公司法》规定向人民法院提起诉讼。

通用板块

交易偏好（Trading Preference）：

指不同的人由于家庭财力、学识、投资时机、个人投资取向等因素的不同，导致其投资风险承受能力不同。交易偏好主要是指对风险的偏好，可划分为保守型投资者、中庸保守型投资者、中庸型投资者、中庸进取型投资者、进取型投资者。

历史上的今天 2013年10月16日，国内首只中小企业可交换私募债（"13福星债"）在深交所备案并完成发行，这是继2012年中小企业私募债推出以来，交易所债券市场又一次产品创新突破。

2020年·庚子年

16

宜扶持

农历八月三十

十月 星期五

记事：

　　股东大会做出决议，必须经出席会议的股东所持表决权过半数通过。但是，股东大会做出修改公司章程、增加或者减少注册资本的决议，以及公司合并、分立、解散或者变更公司形式的决议，必须经出席会议的股东所持表决权的 2/3 以上通过。

通用板块

你之所以过得**太累**，主要源于你**太**过于**敏感**，又太过于**心软**。

历史上的今天 1990年10月17日，世界上第一家互联网电影数据资料库（Internet Movie Database，简称 IMDB）在美国诞生，它是一个关于电影演员、电影、电视节目、电视明星和电影制作的在线数据库。IMDB 的资料中包括了影片的众多信息、演员、片长、内容介绍、分级、评论等。对于电影的评分目前使用最多的就是 IMDB 评分。

2020年·庚子年

17

宜掌控

农历九月初一

十月 星期六

记事：

上市公司应当在公司章程中规定股东大会对董事会的授权原则，授权内容应当明确具体。

通用板块

▶ 在一个变化越来越快、越来越复杂的世界里,企业应该通过不断学习发展自身的适应能力。在将来,只有那些懂得如何激发组织内各个层次人学习热情和学习能力的组织,才能傲视群雄。

▶ 要想教给人们一种新的思维方式,就不要刻意去教,而应当给他们一种工具,通过使用工具培养新的思维模式。

▶ 未来真正出色的企业,将是能够设法使各阶层人员全心投入,并有能力不断学习的组织。

——彼得·圣吉(美国麻省理工大学斯隆管理学院资深教授,国际组织学习协会创始人)

历史上的今天 1995年10月18日,全球第一家计算机网络银行在美国正式开业,通过全球最大的计算机网络向个人客户提供每周7天、每天24小时不间断的银行业务服务。

2020 年 · 庚子年

18

宜在一起

农历九月初二

十月 星期日

记事：

投资者应当与证券公司签订证券交易委托协议，并在证券公司开立证券交易账户，以书面、电话以及其他方式，委托该证券公司代其买卖证券。

通用板块

想一千次，不如去做一次。

华丽的**跌倒**，胜过无谓的徘徊。

历史上的今天 1987年10月19日，道琼斯工业平均指数大幅下跌508点，跌幅逾20%，引发金融市场恐慌。刚就任美联储主席不久的格林斯潘沉着应对，承诺向市场提供无限流动性支持。由于措施得当，得以避免了一场系统性的金融危机。

2020年·庚子年

19

宜努力

农历九月初三

十月 星期一

记事：

股东（包括股东代理人）以其所代表的有表决权的股份数额行使表决权，每一股份享有一票表决权。

通用板块

我希望我喜欢的人也喜欢我，我不想理的人也不理我，满世界清净，皆大欢喜。

历史上的今天 1989年10月20日，日本宣称已研制成时速高达517公里的"世界最快列车"，这种超高速磁性悬浮列车把东京至大阪原先所需3小时减少至1小时左右。

2020 年·庚子年

农历九月初四

20

宜争取

十月 星期二

记事：

股东大会对提案进行表决前，应当推举两名股东代表参加计票和监票。审议事项与股东有关联关系的，相关股东及代理人不得参加计票、监票。

通用板块

▶ 多去跟被投公司打交道,不光要认识 CEO,还要认识 CEO 底下的人,全方位了解公司。

▶ VC 就和创业一样,如果要做的是大家都在做的事,肯定是没机会的。

▶ 一个好项目并不一定等于一笔好投资,切入的时机很重要。

——林欣禾(DCM 中国董事合伙人)

历史上的今天 2008 年 10 月 21 日,红筹股中信泰富因为爆出持有外汇累计期权产品(Accumulator)浮亏 150 亿元,股价从 14 元多暴跌到 6 元多。不久深南电因爆出石油 Accumulator 产生巨亏。随后有消息报道很多香港大户跌入股票 Accumulator 陷阱,因此被称为"金融毒品"。

2020年·庚子年

21

宜爱别人

农历九月初五

十月 星期三

记事：

客户申请信用证券账户开通创业板市场交易的，经营机构应当在确认其普通证券账户已按照适当性管理的要求开通创业板市场交易后，对其信用证券账户予以即时开通。

创业板

人生，总会有不期而遇的**温暖**，

和**生生不息**的希望。

历史上的今天 2001年10月22日，证监会紧急叫停《减持国有股筹集社会保障资金暂行办法》。次日，受国有股减持方案暂停的消息刺激，个股全线上涨，这是实施涨跌幅限制以来最大的一次单日涨幅。

2020 年·庚子年

22

宜平静

农历九月初六

十月 星期四

记事：

经营机构应当根据投资者和产品或者服务的信息变化情况，主动调整投资者分类、产品或者服务分级以及适当性匹配意见，并告知投资者上述情况。

通用板块

霜降

岁月渐落霜华，

暖心的人终会抵达。

历史上的今天 2001年10月23日，苹果推出的iPod数码音乐播放器大获成功，配合其独家的iTunes网络付费音乐下载系统，一举成为全球占有率第一的便携式音乐播放器。

2020年·庚子年

23

宜挑战

农历九月初七

十月 星期五

记事:

经营机构对个人投资者资产状况进行评估时,应当确认以该投资者名义开立的证券账户及资金账户内的资产在申请开通权限前20个交易日日均不低于人民币50万元,其中不包括该投资者通过融资融券交易融入的资金和证券。

沪主板　　深交所

随机漫步理论（Random Walk Theory）：

该理论认为，证券价格的波动是随机的，像一个在广场上行走的人一样，价格的下一步将走向哪里，是没有规律的。证券市场中，价格的走向受到多方面因素的影响。一件不起眼的小事也可能对市场产生巨大的影响。从长时间的价格走势图上也可以看出，价格的上下起伏的机会差不多是均等的。

历史上的今天 1945年10月24日，中、法、苏、英、美和其他多数签字国递交批准书后，宪章开始生效，联合国正式成立。1947年，联合国大会决定，10月24日为"联合国日"。

2020年·庚子年

24

忌抛弃

农历九月初八

十月 星期六

记事：

　　经营机构应当要求首次委托买入风险警示股票或者退市整理股票的客户，以书面或电子形式分别签署《风险警示股票风险揭示书》和《退市整理股票风险揭示书》。客户未签署《风险揭示书》的，不得接受其买入委托。

沪主板

深交所

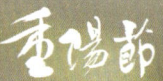

天高气爽，**人寿**花香。

彩云**追月**，桂花飘香。

历史上的今天 2004年10月25日，中国保监会和中国证监会联合发布《保险机构投资者股票投资管理暂行办法》，允许保险资金直接入市。保险公司可以参与一级市场和二级市场交易，买卖人民币普通股票、可转换公司债券及保监会规定的其他投资品种。

2020年·庚子年

25

宜登高

农历九月初九

十月　星期日

记事：

　　保险机构投资者持有一家上市公司的股票不得达到该上市公司人民币普通股票的30%。保险资产管理公司不得运用自有资金进行股票投资。

通用板块

赚钱能治愈一切**矫情**,有钱能治愈一切**自卑**。愿余生我们都能不为钱而**发愁**,过自己想要的生活。

历史上的今天 2001年10月26日,刘姝威在《金融内参》上发表600字短文《应立即停止对蓝田股份发放贷款》。文章在对蓝田的资产结构、现金流向情况和偿债能力做了详尽分析后,得出结论是蓝田业绩有虚假成分,而业绩神话完全依靠银行贷款,20亿元贷款蓝田根本无力偿还。此后蓝田养鸭养虾神话逐渐破灭,2003年5月23日,上交所通知蓝田股票终止上市。

农历九月初十

2020年·庚子年

26

忌逞强

十月 星期一

记事：

信息披露义务人应当同时向所有投资者公开披露信息。

通用板块

给时间一点时间,让过去过去,让开始开始。让你难过的事情,有一天,你会笑着说出来。

历史上的今天 2006年10月27日,工商银行A、H股两地同步上市。创造性地解决了境内外信息披露一致、境内外发行时间表衔接、两地监管的协调和沟通等诸多制度和技术上的难题,开创了A股、H股同时同价发行和同步上市的先河。

农历九月十一

2020年・庚子年

27

宜复盘

十月 星期二

记事：

投资者融券卖出时，融券保证金比例不得低于50%。融券保证金比例是指投资者融券卖出时交付的保证金与融券交易金额的比例。其计算公式为：融券保证金比例＝保证金/（融券卖出证券数量 × 卖出价格）×100%。

上交所

深交所

机会成本（Opportunity Cost）：

指在面临多方案择一决策时被舍弃的选项中的最高价值者。机会成本又称为择一成本、替代性成本。机会成本通常包括两部分：(1) 使用他人资源的机会成本，即付给资源拥有者的货币代价，被称作显性成本。(2) 使用自有资源的机会成本，即放弃其他可能性中得到的最大回报的代价，也被称为隐性成本。

历史上的今天 2008 年 10 月 28 日，沪市大盘探底创出 1664 点低点。其后国家推出了 4 万亿元救市计划，股市开始大幅反弹。

2020年·庚子年

28

宜随和

农历九月十二

十月 星期三

记事：

独立董事可以征集中小股东的意见，提出分红提案，并直接提交董事会审议。

通用板块

不要**羡慕**别人比你**成熟**。那是因为，一路走来，他们**遇见**的坏人比你多。

历史上的今天 1929年10月29日，纽约证券交易所股指从之前最高的363点骤然下跌了约40%，这是美国证券史上最黑暗的一天，此后，美国和全世界进入了长达10年的经济大萧条时期。这一天也被视作大萧条开启的标志性事件，史称"黑色星期二"。

2020年·庚子年

29

宜抱团

农历九月十三

十月 星期四

记事：

投资者不得使用贷款、发行债券等筹集的非自有资金投资资产管理产品。

通用板块

明天是**所有**上市公司

三季报截止日。

历史上的今天 2009年10月30日，首批28家公司在为新兴行业中小企业提供融资便利的深圳创业板上市，当天平均涨幅106%。截至2019年8月6日，创业板上市公司已达768家，总市值超过5万亿元。

2020年·庚子年

30

宜释怀

农历九月十四

十月 星期五

记事：

　　董事连续两次未能亲自出席，也不委托其他董事出席董事会会议，视为不能履行职责，董事会应当建议股东大会予以撤换。

通用板块

只有流过**血**的手指，才能**弹**出世间的**绝唱**。

历史上的今天 1991年10月31日，中国南方玻璃股份有限公司与深圳市物业发展（集团）股份有限公司同时发行A、B股，分别向社会公众和境外投资者招股，这是中国股份制企业首次发行B股。

2020年·庚子年

31

忌畏惧

农历九月十五

十月 星期六

记事：

　　基金财产的债权，不得与基金管理人、基金托管人固有财产的债务相抵销；不同基金财产的债权债务，不得相互抵销。

通用板块

量化投资之父——詹姆斯·西蒙斯

詹姆斯·西蒙斯是世界级的数学家,也是最伟大的对冲基金经理之一。

西蒙斯于 1958 年毕业于麻省理工学院数学系,在 1961 年即 23 岁时获得加州大学伯克利分校的数学博士学位,绝对是数学神童之一。

1968 年,他就被纽约州立大学石溪分校授予数学学院院长职位,年仅 30 岁。1978 年,西蒙斯离开学术界创建了一家投资基金,主要投资于商品期货和其他金融工具。

1982 年,西蒙斯创立对冲基金——文艺复兴科技公司,并在 1988 年创立大奖章基金,拉开投资领域"人机大战"的序幕。

西蒙斯依靠数学模型和电脑,管理着旗下巨额基金,用数学模型捕捉市场机会,由电脑做出交易决策。他称自己为"模型先生",认为模型较之个人投资可以有效地降低风险。针对不同市场设计数量化的投资管理模型,并以电脑运算为主导,在全球各种市场上进行短线交易是西蒙斯的成功秘诀。

1994 年美国债券市场回报率为 -6.7%,大奖章基金却净赚了 71%;2000 年科技股泡沫破灭,标准普尔美国股票指数跌 10.1%,大奖章却获得 98.5% 的高回报;2008 年全球金融危机,大部分对冲基金亏损,就连伯克希尔都亏损 31.7%,大奖章基金反而赚 80%,同期标普 500 指数下跌 40%。

西蒙斯开创的"壁虎式投资法",是指在投资时进行短线方向性预测,同时交易很多品种,依靠在短期内完成大量交易来获利的方法。用他的话说,交易"要像壁虎一样,平时趴在墙上一动不动,蚊子一旦出现就迅速将其吃掉,然后恢复平静,等待下一个机会。"

詹姆斯·西蒙斯
（James Simons，1938.4.25—）

世界级的数学家，全球收入最高的对冲基金经理。代表作品有《典型群和几何不变式》。

11月

SUN	MON	TUE	WED	THU	FRI	SAT
1 十六	2 十七	3 十八	4 十九	5 二十	6 廿一	7 立冬
8 廿三	9 廿四	10 廿五	11 廿六	12 廿七	13 廿八	14 廿九
15 寒衣节	16 初二	17 初三	18 初四	19 初五	20 初六	21 初七
22 小雪	23 初九	24 初十	25 十一	26 感恩节	27 十三	28 十四
29 下元节	30 十六					

▶ 优秀的投机家们总是在等待,总是有信心,等待着市场证实他们的判断。要记住,在市场本身的表现证实你的看法之前,不要完全相信你的判断。

▶ 要想在投机中赚到钱,就得买卖一开始就表现出利润的商品或者股票。那些买进或卖出后就出现浮亏的东西说明你正在犯错,一般情况下,如果3天之内依然没有改善,立马抛掉它。

▶ 绝不要平摊亏损,一定要牢牢记住这个原则。

——杰西·利弗莫尔(20世纪20年代华尔街传奇人物)

历史上的今天 2015年11月1日,徐翔因涉嫌内幕交易、操纵股价被捕。2009~2015年,徐翔成立上海泽熙等一系列公司,他通过合谋控制上市公司,择机发布"高送转"方案,引入热点题材等利好消息,基于上述信息优势,使用基金产品及其控制的证券账户,在二级市场进行涉案公司股票的连续买卖,拉抬股价。

2020 年 · 庚子年

农历九月十六

01
宜自信

十一月 星期日

记事：
_____
_____
_____
_____
_____
_____
_____

证券、期货交易内幕信息的知情人员或者非法获取证券、期货交易内幕信息的人员，在涉及有重大影响的信息尚未公开前，买入或者卖出该证券情节严重的，处 5 年以下有期徒刑或者拘役，并处或者单处违法所得 1 倍以上 5 倍以下罚金。

通用板块

这一路你可以**哭**,但不能**怂**,你总得熬过无人问津的日子,才能迎来**掌声**和鲜花。

历史上的今天 2018年11月2日,上交所根据上交所上市委员会的审核意见,决定同意长航油运股票重新上市,完成了自重新上市制度建立以来的首单实践。

农历九月十七

2020年·庚子年

02

忌逼迫

十一月 星期一

记事：

　　公司因市场交易类指标其股票被强制终止上市的，符合交易所《退市公司重新上市实施办法》第八条规定的重新上市条件，向交易所申请其股票重新上市的，首次提出重新上市申请与其股票终止上市后进入全国中小企业股份转让系统的时间间隔应当不少于3个月。

沪主板　　深主板

相反理论（Contrarian Theory）：

相反理论的基本要点是投资买卖决定全部基于群众的行为。它指出不论股市及期货市场，当所有人都看好时，就是牛市开始到顶；当人人看淡时，熊市已经见底。相反理论并不是说大众一定是错的，群众通常都在主要趋势上看得对。大部分人看好，市势会因这些看好情绪变成实质购买力而上升，这个现象有可能维持很久，直至到所有人看好情绪趋于一致时，市势则会发生质的变化。

历史上的今天 1997年11月3日，总投资400亿元的京九铁路通过国家正式验收。京九铁路北起北京，南至深圳，连接香港九龙，纵贯9个省市，正线全长2397公里，是中国京广、京沪两大干线之间纵贯南北的又一条通道。

农历九月十八

2020年·庚子年

03

宜得体

十一月 星期二

记事:

　　交易参与人之间、会员与客户之间发生交易纠纷，相关会员及其他交易参与人应当记录有关情况，以备交易所查阅。交易纠纷影响正常交易的，会员及其他交易参与人应当及时向交易所报告。

上交所　　深交所

决定我们一生的，不是我们的**能力**，而是我们的**选择**。

历史上的今天 1994年11月4日，国务院召开全国建立现代企业制度试点工作会议，确定在企业开展以"产权清晰、权责明确、政企分开、管理科学"为特征的现代企业制度试点工作。

2020年·庚子年

04

宜识大体

农历九月十九

十一月 星期三

记事：

网下投资者在参与科创板首发股票网下询价和申购期间，不得随意变更名称、银行卡号、证券账户号等注册信息，并应做好停电、网络故障等突发事件的应急预案，避免询价后无法申购或缴款。

科创板

胖子只有两条**出路**，要不就让**身材**变好，要不就让**心态**变好。

历史上的今天 2018年11月5日，国家主席习近平在首届中国国际进口博览会上宣布，将在上交所设立科创板并试点注册制，支持上海国际金融中心和科技创新中心建设，不断完善资本市场基础制度。

2020 年 · 庚子年

05

宜担当

农历九月二十

十一月 星期四

记事：

　　首次公开发行股票并在科创板上市，应当符合发行条件、上市条件以及相关信息披露要求，依法经上交所发行上市审核并报经中国证监会履行发行注册程序。

科创板

▶ 创造和创新能力的基础是独立思考,而独立思考的前提是思想自由。没有独立思考、没有独立见解的企业一定做不大、走不远。

▶ 好多坏人创业也赚钱了,但是不具备良知、不诚实的创业者一定走不长。你在创业的时候一定要有一种超越自身利益之上的东西。

▶ 最得意的可能永远是下一个。

——阎焱(赛富亚洲投资基金创始管理合伙人)

历史上的今天 1993年11月6日,海南省《特区证券报》刊登所谓"北海正大置业有限公司"大量收购江苏昆山三山公司股票的消息,"苏三山"股票价格随后出现异常波动。12月27日,中国证监会宣布这是一个骗局,公安机关依法进行了审理。这是A股第一起利用新闻媒介欺骗社会投资公众的股市欺诈案。

2020年·庚子年

农历九月廿一

06

宜年轻

十一月 星期五

记事：

　　首次公开发行股票采用询价方式定价的，符合条件的网下机构和个人投资者可以自主决定是否报价，主承销商无正当理由不得拒绝。网下投资者应当遵循独立、客观、诚信的原则合理报价，不得协商报价或者故意压低、抬高价格。

通用板块

花落情盘结，萧萧又冷冬。

光阴诗卷里，消息雨声中。

——何永沂《立冬》

历史上的今天 1998年11月7日，腾讯公司注册了oicq.com域名，随后腾讯公司To C第一款产品QQ上线。

2020 年 · 庚子年

农历九月廿二

07

宜仰望星空

十一月 星期六

记事:

　　上市公司筹划、实施重大资产重组，相关信息披露义务人应当公平地向所有投资者披露可能对上市公司股票交易价格产生较大影响的相关信息，不得有选择性地向特定对象提前泄露。

通用板块

原上草，露初晞。旧栖新垅两依依。

空床卧听南窗雨，谁复挑灯夜补衣。

——宋·贺铸《鹧鸪天》

历史上的今天 2002 年 11 月 8 日，中国证监会和中国人民银行联合发布合格境外机构投资者（QFII）管理办法，首次允许境外投资者购买以人民币计价的 A 股。

农历九月廿三

2020 年 · 庚子年

08

宜坚定

十一月 星期日

记事：

　　合格投资者（QFII）在经批准的投资额度内，可以投资于下列人民币金融工具：（1）在证券交易所交易或转让的股票、债券和权证；（2）在银行间债券市场交易的固定收益产品；（3）证券投资基金；（4）股指期货；（5）中国证监会允许的其他金融工具。

通用板块

生命中有许多，你**不想做**却不能不做的事，这就是**责任**；生命中有许多，你想做却不能做的事，这就是**命运**。

历史上的今天 1988年11月9日，为创建中国证券市场，中央高层第一次听取各方汇报。汇报主旨是：开办证券交易所与企业股份化必须同步配套进行，如果没有一个置于严格监管之下的证券交易市场，势必出现黑市交易，冲击正常的经济秩序。小组认为成立一个证券交易所比较合适，建议开始筹备工作。随后，沪深交易所进入筹备阶段。

2020 年·庚子年

09

宜自娱自乐

农历九月廿四

十一月 星期一

记事：

经营机构可以根据专业投资者的业务资格、投资实力、投资经历等因素，对专业投资者进行细化分类和管理。

通用板块

每天把**牢骚**拿出来晒**晒太阳**，心情就不会缺**钙**；只要你的心是晴的，**人生**就没有雨天。

历史上的今天 2004年11月10日，劳动和社会保障部与中国证监会联合发布《关于企业年金基金证券投资有关问题的通知》，首次对企业年金基金证券投资的开户、结算等事宜做出规定。企业年金入市启动。

2020年·庚子年

农历九月廿五

10

忌闹腾

十一月 星期二

记事：

　　投资者及其一致行动人拥有权益的股份达到或者超过一个上市公司已发行股份的20%但未超过30%的，应当编制详式权益变动报告书。

通用板块

如果还不能**脱单**，就赶紧让自己**脱贫**吧，你总不能身边**没人**，卡里又**没钱**。

历史上的今天 2009年11月11日，阿里天猫商城举办网络促销活动，但当时参与商家折扣力度有限并没有引起轰动效果，经过几年的积累，2014年11月11日阿里巴巴全天交易额突破571亿元，从此"双十一"成为中国网络购物节。

2020年·庚子年

11

宜交心

农历九月廿六

十一月 星期三

记事:

关联交易损害公司利益,原告公司依据《公司法》第二十一条规定请求控股股东、实控人、董监高赔偿所造成的损失,被告仅以该交易已经履行了信息披露、经股东会或者股东大会同意等法律、行政法规或者公司章程规定的程序为由抗辩的,人民法院不予支持。

通用板块

▶ 成功的组织变革通常是一个耗时而且极端复杂的八步流程,并非一蹴可至。经理人如果想投机取巧跳过一些步骤,或者不遵守应有的顺序,成功的机会是非常微小的。

▶ 管理工作渐渐被视为计量安排与远景的综合体,因此,管理者将通过科层关系和复杂的人际关系实践远景。

▶ 当我们试图从网络与依赖,而非阶层与正式授权的角度思考管理工作时,各种有趣的推论将纷至沓来。一些在传统观念上被认为怪异且不合宜的想法,如"管理上司"——一下子就突然变成了重要思维。

——约翰·科特(哈佛商学院教授)

历史上的今天 2001 年 11 月 12 日,中国正式签署加入世贸组织议定书。加入世贸组织,是改革开放进程中具有历史意义的一件大事,标志着我国对外开放进入一个新的阶段,对新世纪我国经济发展和社会进步产生了重要而深远的影响。

农历九月廿七

2020年·庚子年

12

宜换位

十一月 星期四

记事:

发生可能对上市公司股票交易价格产生较大影响的重大事件,投资者尚未得知时,上市公司应当立即将有关该重大事件的情况向国务院证券监督管理机构和证券交易所报送临时报告,并予公告,说明事件的起因、目前的状态和可能产生的法律后果。

通用板块

如果你曾觉得**生命**里的每一扇门都**关**上了,那请记住这句话:关上的门不一定**上锁**,至少再过去推一推。

历史上的今天 1989年11月13日,世界最大粒子加速器——欧洲"莱泼"正负电子对撞机落成。科学家通过观察正负电子撞击时出现的各种新现象,来探索物质的最基本结构,揭开宇宙诞生的奥秘。

2020 年 · 庚子年

农历九月廿八

13

忌 羞耻

十一月 星期五

记事：

　　证监会坚持保护投资者合法权益的原则，鼓励涉案当事人自查自认自纠违法违规行为，积极补偿投资者。对于整改效果较好、危害后果和不良影响明显消除、投资者利益得到有效补偿的，可以依法酌情从轻或减轻行政处罚。

通用板块

你要学会**适应**这个世界的**温度**，

不论是季节还是**人心**。

历史上的今天 1984年11月14日，上海飞乐音响发行，这是改革开放后我国公开发行的第一只股票。在海外引起比国内更大的反响，被誉为中国改革开放的一个信号。

农历九月廿九　2020年·庚子年　十一月 星期六

14

宜幸福

记事：

——————————————————
——————————————————
——————————————————
——————————————————
——————————————————
——————————————————

- -

　　股东可以委托代理人出席股东大会会议，代理人应当向公司提交股东授权委托书，并在授权范围内行使表决权。

通用板块

效用最大化（Maximization of Utility）：

即在个人可支配资源的约束条件下，使个人需要和愿望得到最大限度地满足。主体的行为可以用效用最大化的观点加以分析和预测。该观点通常作为经济分析的基本假设。

历史上的今天 1971 年 11 月 15 日，霍夫在英特尔公司开发成功第一块微处理器 4004，这一突破性的重大发明不仅成为计算机强劲的动力之源，而且更打开了让机器设备像个人电脑一样可嵌入智能的未来之路。

2020 年 · 庚子年

农历十月初一

15

宜钟情

十一月　星期日

记事：

　　分配利润的决议中载明的利润分配完成时间超过公司章程规定时间的，股东可以依据《公司法》规定请求人民法院撤销决议中关于该时间的规定。

通用板块

生活有**进退**，

输了什么都不要**输了**心情。

历史上的今天 2018年11月16日，沪深交易所发布修订后的重大违法强制退市新规。长生生物成为重大违法强制退市新规之下的首家退市公司。中弘股份也成为A股首只因跌破面值而退市的股票。

2020年·庚子年

农历十月初二

16

宜适度

十一月 星期一

记事：

上市公司构成欺诈发行、重大信息披露违法或者其他涉及国家安全、公共安全、生态安全、生产安全和公众健康安全等领域的重大违法行为的，证券交易所应当严格依法做出暂停、终止公司股票上市交易的决定。

通用板块

劝得了**别人**的话，却从来**说服**不了自己。

历史上的今天 2014年11月17日，沪港通启动，上海证券交易所和香港联合交易所同时举行了开通仪式。沪港两地证券市场成功实现联通，向境外投资者提供了一条前所未有的投资内地股票的通道。中国资本市场的国际化进程进入新纪元。

2020年·庚子年

17

忌玻璃心

农历十月初三

十一月 星期二

记事：

　　个人投资者参与港股通交易，至少应当符合下列条件：（一）证券账户及资金账户资产合计不低于人民币50万元；（二）不存在严重不良诚信记录；（三）不存在法律、行政法规、部门规章、规范性文件和业务规则规定的禁止或者限制参与港股通交易的情形。

上交所

人生如**果树**，在风雨中成长，在阳光下**开花**，繁花落尽，**硕果**累累。

历史上的今天 2003年11月18日，武钢股份公告称，公司增发方案将定向增发国有法人股与增发流通股相结合，进而实现集团主业资产整体上市，当时这一金融创新模式在国内尚属首例。

农历十月初四

2020年·庚子年

18

忌猜忌

十一月 星期三

记事：

投资者委托证券公司进行证券交易，应当申请开立证券账户。证券登记结算机构应当按照规定以投资者本人的名义为投资者开立证券账户。

通用板块

有一种境界叫**超然**,有一种达观叫了然,有一种天真叫**自然**,有一种成就叫斐然,有一种繁盛叫**蔚然**,有一种愉悦叫欣然,有一种释怀叫**惠然**,而我要的那种幸福,是**淡然**。

历史上的今天 1991年11月19日,美国国会参、众两院经过协商,初步批准一项"星球大战"新计划,其主要内容是以250亿美元的资金,在20世纪90年代部署陆基反导弹体系,以保护美国免遭可能的导弹袭击。

2020年·庚子年

19

忌猜忌

农历十月初五

十一月 星期四

记事：

　　股东大会审议有关关联交易事项时，关联股东不应当参与投票表决，其所代表的有表决权的股份数不计入有效表决总数。

通用板块

炒股**亏损**绝大部分源于自己的不切实际的**胡思乱想**。

历史上的今天 1992年11月20日,深圳证券交易所首家异地上市公司——武汉商场股份有限公司股票在深圳证券交易所上市,标志着深圳证券交易所向全国性市场转变。

2020年·庚子年

20

宜环保

农历十月初六

十一月 星期五

记事：

在正式公布表决结果前，股东大会现场、网络及其他表决方式中所涉及的公司、计票人、监票人、主要股东、网络服务方等相关各方对表决情况均负有保密义务。

通用板块

► 我们希望能找到现在还不是热点,但未来 5 年可以成为蓝筹股的企业,这些企业往往能代表社会的发展方向。

► 现在的社会比较浮躁,人心也比较浮躁,业余投资者会迷失在净值波动里。其实从长期的角度来看,股票投资要取得长期回报,就必须坚持价值投资、品质投资、科学投资和长期投资。

► 未来的股票市场是一个结构性市场,可能只有 10% 的股票会涨,大部分股票会随着传统产业的没落而下跌,所以优质的公司就成为稀缺型资源。对于投资者来说,最重要的是找到那 10% 的优质企业。

——石波(上海尚雅投资管理公司董事长)

历史上的今天 2002 年 11 月 21 日,科技部、中国科学院、上海市政府联合宣布:我国科学家完成了所承担的国际水稻基因组计划第四号染色体精确测序任务,使我国对国际水稻基因组计划测序工作的贡献率达 10%。

2020 年 · 庚子年

21

忌空虚

农历十月初七

十一月 星期六

记事:

创业板经营机构应当在客户开通创业板市场交易后,利用电话、电子邮件、网络与营业部现场交流等方式,持续了解客户的身份、财产与收入状况、证券投资经验、风险偏好与投资目标等信息。

创业板

小雪轻寒来人间，愿雪花碎掉寒冷的忧烦，浇灌幸福沃野。

历史上的今天 2005年11月22日，上交所发布《关于证券公司创设武钢权证有关事项的通知》。通知明确，取得中国证券业协会创新活动试点资格的证券公司可以作为创设人，按照通知的相关规定创设权证。11月25日，10家券商共计创设11.27亿份武钢认沽权证，这是我国证券市场上首次出现的权证创设活动。

2020年·庚子年

22

宜吃火锅

农历十月初八

十一月 星期日

记事：

对在委托销售中违反适当性义务的行为，委托销售机构和受托销售机构应当依法承担相应法律责任，并在委托销售合同中予以明确。

通用板块

对于**无常**，我们别无选择，只能**接受**，因为无常就是生活。

历史上的今天 2018年11月23日，沪深交易所分别发布了《上市公司回购股份实施细则（征求意见稿）》。征求意见稿对上市公司在二级市场回购的股份做了详细规范。由于2018年Ａ股市场整体走势低迷，2018年修订《公司法》后，当年Ａ股上市公司累计回购规模已超过去数年总和，成为Ａ股史上最大回购潮。

2020 年 · 庚子年

23

宜知心

农历十月初九

十一月 星期一

记事：

　　上市公司股价低于其每股净资产的，董事会应当及时了解是否存在对股价可能产生较大影响的重大事件和其他因素，通过多种渠道主动与股东特别是中小股东进行沟通和交流，充分听取股东关于公司是否应当实施股份回购等措施的意见和诉求。

通用板块

▶ 换句话说,一个"重视人的环境"并非"温暖又舒适"的环境——重视人的环境会招募杰出的人,待之如贵宾,接着,设下高得荒谬的标准。

▶ 这些管理理念对新时期面对挑战的所有企业家来说,不乏参考意义。大多数企业已转变成服务型企业。但令人遗憾的是,很少有企业真正重视服务,它们充其量只是个爱好者而已。

▶ 像列宁主张开展长期革命一样,要让创新成为公司内每位员工的生活方式。

——汤姆·彼得斯(后现代企业之父)

历史上的今天 1986年11月24日,纽交所总裁凡尔霖参观上海股票交易市场,并办理了中国赠送的飞乐音响股票的过户手续。

2020年·庚子年

24

宜游荡

农历十月初十

十一月 星期二

记事：

期货公司应当根据中金所制定的标准和指引，制定投资者适当性标准的实施方案，建立并有效执行客户开发管理制度和开户审核工作制度，完善业务流程与内部分工，加强责任追究。

通用板块

努力不一定能**实现**一切，但它能**告诉**你，你最远到哪里。

历史上的今天 1998年11月25日，证监会发出通知：拟上市公司职工股一律停发，已经发行的在公司上市后3年才能流通。拟上市公司停止发行公司职工股，有利于进一步推进证券市场的规范化建设，维护证券市场公开、公平、公正的原则。

农历十月十一

2020年·庚子年

25

忌盲目

十一月 星期三

记事：

    上市公司与投资者之间发生的纠纷，可以自行协商解决、提交证券期货纠纷专业调解机构进行调解、向仲裁机构申请仲裁或者向人民法院提起诉讼。

深主板   中小板   创业板

感恩节

投我以木瓜,报之以琼琚。

匪报也,永以为好也!

——佚名《诗经·木瓜》

历史上的今天 1990年11月26日,上海证券交易所召开成立大会暨第一次会员大会。李祥瑞任理事长,周芝石任监事长,尉文渊任总经理。

2020年·庚子年

26

宜感恩

农历十月十二

十一月 星期四

记事：

　　发行人编制招股说明书应当符合中国证监会的相关规定。凡是对投资者做出投资决策有重大影响的信息，均应当在招股说明书中披露。

通用板块

上帝不是无处不在的,所以创造了妈妈。

历史上的今天 2006年11月27日,浙江金信信托掌门葛政因涉嫌非法吸收公众存款罪被浙江省公安厅监视居住,后被判处有期徒刑6年,罚金40万元。金信信托共设立了5家平台公司专事炒股。因操作手法凶悍,"金信系"被称为"江南第一猛庄"。

2020 年·庚子年

农历十月十三

27

宜撒狗粮

十一月 星期五

记事：

　　公司与投资者沟通的内容主要包括：公司的发展战略、法定信息披露及其说明、经营管理信息、重大事项、企业文化建设等。

通用板块

沉没成本（Sunk Cost）：

指已经发生或承诺、无法回收的成本支出，如因失误造成的不可收回的投资。它是一种历史成本，对现有决策而言，是不可控成本，不会影响当前行为或未来决策，理应忘记这个成本。

历史上的今天 2014年11月28日，中国股市总市值增至4.480万亿美元，而日本股市总市值则下滑至4.478万亿美元，中国股市总市值超越日本，成为全球市值第二大股市，仅次于美国。

2020 年·庚子年

28

忌掏空

农历十月十四

十一月 星期六

记事：

　　年度报告应当在每个会计年度结束之日起 4 个月内，中期报告应当在每个会计年度的上半年结束之日起 2 个月内，季度报告应当在每个会计年度第 3 个月、第 9 个月结束后的 1 个月内编制完成并披露。

通用板块

你看天上的**月**，圆了又**缺**，缺了又圆，**人生**离合，亦复如斯。

2006年11月29日，首只分离交易可转债——马钢股份可转债上市。分离交易可转债是一种附认股权证的公司债，可分离为纯债和认股权证两部分，投资者享有选择获取固定收益的权利，也可以选择换购股票获取风险溢价收益。

2020年·庚子年

29

忌沮丧

农历十月十五

十一月 星期日

记事：

涉嫌利用新闻报道以及其他传播方式对上市公司进行敲诈勒索的，中国证监会责令改正，向有关部门发出监管建议函，由有关部门依法追究法律责任。

通用板块

生活现状：想过**八戒**般的生活，却承受着**悟空**般的压力，但只有**沙僧**的本事，还时不时能听到**唐僧**般的唠叨。

历史上的今天 2014年11月30日，央行、国务院法制办就《存款保险条例（征求意见稿）》公开向社会征求意见。根据这一征求意见稿，存款保险实行限额偿付，最高偿付限额为50万元。

2020年·庚子年

30

忌轻浮

农历十月十六

十一月 星期一

记事：

_____

_____

_____

_____

_____

_____

独立董事连续3次未亲自出席董事会会议的，由董事会提请股东大会予以撤换。

通用板块

掷飞镖的大猩猩与基金经理

20世纪80年代末期,为弄清主动投资的作用究竟有多大,《华尔街日报》组织了一场历时数年的著名竞赛,一方是当时华尔街最著名的股票分析师组成的专家组,一方是一头会掷飞镖的大猩猩。

方法是在墙上贴上《华尔街日报》股票报价版,由大猩猩用飞镖投掷报纸,所击中的若干股票组合即定为买入股票组合,然后持股至规定期限卖出。同时,每一轮竞赛挑出一组最著名的华尔街分析师,根据他们公开推荐的股票组合买入股票,持股至规定期限卖出,然后比较两种方法所选择的股票组合产生的投资收益率决定胜负,结果是大猩猩赢了。这就是著名的飞镖选股法。

美国福特基金会投资政策研究部门的主管劳伦斯·西格尔把基金经理分为4种类型:第一种,随大流同时又是正确的,这是最理想的;第二种,坚持独立立场同时是正确的,他们是英雄;第三种,随大流但是错的,对公募基金经理而言,这并不严重,至少不会丢掉饭碗;第四种,坚持独立立场,但是错的,或者一定时期内是错的。

显而易见,从以往的经验和趋利避害的需要来看,很多人会选择随大流,而随大流就难有出色的业绩,这也是为什么很多基金经理往往跑不过指数的重要原因。

12月

SUN	MON	TUE	WED	THU	FRI	SAT
		1 艾滋病日	2 十八	3 十九	4 二十	5 廿一
6 廿二	7 大雪	8 廿四	9 廿五	10 廿六	11 廿七	12 廿八
13 国家公祭日	14 三十	15 初一	16 初二	17 初三	18 初四	19 初五
20 初六	21 冬至	22 初八	23 初九	24 平安夜	25 圣诞节	26 十二
27 十三	28 十四	29 十五	30 十六	31 十七		

▶ 对国家经济充满信心,是股票投资的基础。投资就是投国运。

▶ 我们想要的企业是:(1)我们懂的生意。(2)具有良好的经济前景。(3)由德才兼备的人士管理。(4)非常吸引人的价格。

▶ 每个人都会犯错,但只要将自己限制在少数几个容易了解的投资对象上,一个有智慧、有知识和勤勉的投资者,一定能将风险控制在一个可控的范围内。重要的不是了解对象的多少,而是你要很清楚自己的能力边界在哪里。

——任俊杰(资深投资人、《穿过迷雾》作者)

历史上的今天 1990年12月1日,深圳证券交易所在深圳国际信托大厦15层开始试营业,当天唯一的一单交易,由有色金属证券部卖出8000股深安达,采用的是最原始的口头唱报和白板竞价的手工方式。4个月之后深交所正式获批。

2020年·庚子年

01

宜坚韧

农历十月十七

十二月 星期二

记事：

非金融机构违反规定，为扩大投资者范围、降低投资门槛，利用互联网平台等公开宣传、分拆销售具有投资门槛的投资标的等行为，按照国家规定进行规范清理，构成非法集资、非法吸收公众存款、非法发行证券的，依法追究法律责任。

通用板块

有人问我如何在这个**物欲横流**的社会**独善其身**，我回答了一个字"**穷**"。

历史上的今天 1999年12月2日，国有股配售试点启动。此前中国共产党第十五届四次全体会议通过《关于国有企业改革和发展若干问题的决定》，明确提出"在不影响国家控股的前提下，适当减持部分国有股"。中国证监会据此确定10家单位为国有股配售预选单位，中国嘉陵和黔轮胎成为第一批国有股配售试点案例。

2020年·庚子年

02

宜克制

农历十月十八

十二月 星期三

记事：

发行人应当在公开募集及上市文件中披露公开发行前持股 5% 以上股东的持股意向及减持意向。持股 5% 以上股东减持时，须提前 3 个交易日予以公告。

通用板块

还说神马来一场**说走就走**的旅行，**工作后**，就连一场说走就走的**下班**都不行。

历史上的今天 2001年12月3日，美国安然公司因会计丑闻而宣布破产。安然公司曾经是世界上最大的能源、商品和服务公司之一，然而，真正使安然公司在全世界声名大噪的，却是公司持续多年精心策划、乃至制度化系统化的财务造假丑闻。从那时起，"安然"已经成为公司欺诈的象征。

2020 年 · 庚子年

03

宜身体力行

农历十月十九

十二月 星期四

记事：

发生下列交易异常情况之一，导致部分或全部交易不能进行的，交易所可以决定单独或同时采取暂缓进入交收、技术性停牌或临时停市等措施：（一）不可抗力；（二）意外事件；（三）技术故障；（四）交易所认定的其他异常情况。

上交所　　深交所

道氏理论（Dow Theory）：

道氏理论由查尔斯·道创立，他被认为是市场技术分析的鼻祖。道氏理论认为，股票会随市场的趋势同向变化，以反映市场趋势和状况。股票的变化表现为3种趋势：主要趋势、中期趋势和短期趋势。它是一种反映市场总体趋势的晴雨表，伟大之处在于其宝贵的哲学思想。

历史上的今天 2001年12月4日，退市制度正式推出，推出以来已有超过60家公司被强制退市。总体上来看，上市公司退市逐步常态化，"有进有出"的市场生态逐渐形成。

2020年·庚子年

04

宜投入

农历十月二十

十二月 星期五

记事：

上市公司连续20个交易日的每日股票收盘价均低于股票面值，交易所将决定终止其股票上市。

沪主板

科创板

深主板、中小板

创业板

每一个**繁花**似锦，都是经历了暗涛汹涌；每一个**鲜艳**夺目，都是经历了风雨无阻；每一个**风光**无限，都是经历了**黯然**伤神。所有的一切，只有经历过的人，才更懂得背后的力量。

历史上的今天 2016年12月5日9时30分，深圳证券交易所和香港交易所同时敲响了开市钟和开市锣，宣告市场各方期盼的深港通正式开通。加之2年前已经开通运行的沪港通，上海、深圳、香港三大交易所真正地实现了互联互通。这标志着中国资本市场在法制化、市场化和国际化方向上又迈出了坚实一步，具有多方面的积极意义。

2020 年 · 庚子年

05

忌鸡同鸭讲

农历十月廿一

十二月 星期六

记事：

　　根据投资者持有的市值确定其网上可申购额度，深交所和科创板每 5000 元市值可申购一个申购单位，不足 5000 元的部分不计入申购额度；沪主板每 1 万元市值可申购一个申购单位，不足 1 万元的部分不计入申购额度。

沪主板

科创板

深交所

► 价值投资简单地讲,就是依据企业基本面来决定企业是否值得投资,而不是以往流行的技术分析与看图。

► 价值投资的全部精华可以浓缩成两句话:就是发现一个将要变得更赚钱的好企业,然后就在4~5折的价格买进去。

► 我们现在的投资戒条是第一不要输,第二不要忘记第一条。

——李驰(深圳同威投资管理公司创始人)

历史上的今天 2014年12月6日,上交所发布《上海证券交易所股票期权试点交易规则(征求意见稿)》等业务规则公开征求意见的通知,向股票期权成功获批并率先试点迈出关键一步。

农历十月廿二

2020年·庚子年

06

忌闲散

十二月 星期日

记事：

___

经营机构从事股票期权经纪业务，接受投资者委托，以自己的名义为投资者进行股票期权交易，交易结果由投资者承担。

通用板块

大雪

日暮苍山远，天寒白屋贫。

柴门闻犬吠，风雪夜归人。

——唐·刘长卿《逢雪宿芙蓉山主人》

 2018年12月7日，沪深交易所分别发布实施新修订的《公司债券上市规则》和《非公开发行公司债券挂牌转让规则》。此次修订除了规则体例及结构的调整外，重点加强一线监管，切实提升监管效能，健全信息披露和存续期管理安排，强化投资者权益保护。

2020年·庚子年

07

宜看雪

农历十月廿三

十二月 星期一

记事:

债券受托管理人应当建立对发行人的跟踪机制，监督发行人对债券募集说明书所约定义务的执行情况，持续动态监测、排查、预警并及时报告债券信用风险，采取或者督促发行人等有关机构或人员采取有效措施防范、化解信用风险和处置违约事件，保护投资者合法权益。

上交所

深交所

▶ 营销既是一种组织职能,又是一种创造、传播、传递顾客价值的思维方式。

▶ 最重要的实情是预测消费者的动向,并领先于消费者。

▶ 市场营销就是在适当的时间;适当的地方以适当的价格;适当的信息沟通和促销手段,向适当的消费者提供适当的产品和服务的过程。

——菲利普·科特勒(现代营销学之父)

历史上的今天 2003年12月8日,经中国证监会同意,沪深交易所当日起调整买卖盘揭示范围,提供5个最优买卖盘档位的即时行情。投资者可以更公平、更透明地了解市场更多交易动向,同时也有利于投资者更好把握住买卖个股的时机。

2020年·庚子年

08

宜赶路

农历十月廿四

十二月 星期二

记事：

　　连续竞价期间，即时行情内容包括：证券代码、证券简称、前收盘价、最近成交价、当日最高价、当日最低价、当日累计成交数量、当日累计成交金额、实时最高5个价位买入申报价和数量、实时最低5个价位卖出申报价和数量等。

上交所

深交所

人会长大**三次**。第一次是在发现自己不是世界**中心**的时候。第二次是在发现即使再怎么**努力**,终究还是有些事令人无能为力的时候。第三次是在明知道有些事可能会**无能为力**,但还是会尽力争取的时候。

历史上的今天 1968年12月9日,美国斯坦福研究院的恩格雷贝特博士公开展示了世界上第一只鼠标,并提出了"图形用户界面"(GUI)的概念。

2020 年 · 庚子年

09

宜进补

农历十月廿五

十二月 星期三

记事：

科创板上市公司股票被终止上市的，不得申请重新上市。

科创板

风险厌恶（Risk Aversion）：

风险厌恶是一个人接受一个有不确定的收益的交易时，相对于接受另外一个更保险但是也可能具有更低期望收益的交易的不情愿程度。例如，一个风险厌恶的投资者可会选择将他的钱存在银行以获得较低的但确定的利息，而不愿意将钱用于购买股票，在获得高的期望收益的同时承担损失的风险。与一个人的风险厌恶程度相对，称之为风险容忍（Risk Taker）。

历史上的今天 1901年12月10日，瑞典国王和挪威诺贝尔基金会首次颁发了诺贝尔奖。根据诺贝尔的遗嘱："诺贝尔奖每年发给那些在过去的一年里，在物理、化学、医学、文学及和平事业方面为人类做出最大贡献者。"

2020年·庚子年

10

忌 悲观

农历十月廿六

十二月 星期四

记事：

科创板上市公司连续20个交易日股票市值均低于3亿元，上交所决定终止其股票上市。

科创板

生活就是你微笑一下，然后再去回味。生活也就是你痛苦一会，休息一会，然后再去擦掉眼泪。

历史上的今天　1980年12月11日，19岁的温州姑娘章华妹从温州市工商行政管理局领到了一份特殊的营业执照——工商证字第10101号，是中国第一份个体工商业营业执照，她本人则成为了"中国第一个工商个体户"。

2020 年 · 庚子年

11

宜许愿

农历十月廿七

十二月 星期五

记事：

上市公司应当披露利润分配政策尤其是现金分红政策的具体安排和承诺。对不履行分红承诺的上市公司，要记入诚信档案，未达到整改要求的不得进行再融资。独立董事及相关中介机构应当对利润分配政策是否损害中小投资者合法权益发表明确意见。

通用板块

作为一名资深**剁手**党,特别喜欢**网购**,可我突然想起来,我当初学习网购的初衷是为了**省钱**,顿时双眼**含泪**,泣不成声。

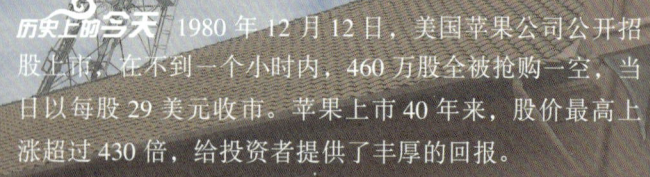 1980年12月12日,美国苹果公司公开招股上市,在不到一个小时内,460万股全被抢购一空,当日以每股29美元收市。苹果上市40年来,股价最高上涨超过430倍,给投资者提供了丰厚的回报。

农历十月廿八

2020年·庚子年

12

忌封闭

十二月 星期六

记事:

发行人、上市公司公告的信息披露资料,有虚假记载、误导性陈述或者重大遗漏,致使投资者在证券交易中遭受损失的,发行人、上市公司应当承担赔偿责任。

通用板块

诚既勇兮又以武，终刚强兮不可凌。

身既死兮神以灵，子魂魄兮为鬼雄。

——战国·屈原《九歌·国殇》

历史上的今天 1996年12月13日，上交所和深交所开始实行涨跌停板制度，自16日起施行。除上市首日证券外，股票和基金类证券交易价格相对于上一交易日收市价格的涨跌幅度不得超过10%。同时，对在一个交易日内收市价相对于上一交易日收市价的涨跌幅超过7%的前5只证券当日成交金额最大的若干家证券营业部或席位的名称、交易金额实行公开信息制度。

2020年·庚子年

13

宜回首

农历十月廿九

十二月 星期日

记事：

股票实行价格涨跌幅限制,沪主板及深交所股票(ST、*ST股票除外)涨跌幅比例为10%；科创板股票涨跌幅比例为20%。

沪主板

科创板

深交所

小时候我们拼命想长大，长大后才发现还是童年最无瑕；读书时我们做梦都想工作，工作后才明白还是寒窗时光最留恋……我们是一路向前走，走过了也就错过了，唯有珍惜即时的拥有，生命的记忆里才会少一些悔与恨。

历史上的今天 2013年12月14日：国务院发布《关于全国中小企业股份转让系统有关问题的决定》，新三板全国扩容，多层次资本市场建设取得实质性进展。

2020年·庚子年

14

宜情感细腻

农历十月三十

十二月 星期一

记事：

　　公司应当定期向股东披露董事、监事、高级管理人员从公司获得报酬的情况。

通用板块

不要太**兴奋**,也不要太**忧伤**,

这世界,没你想象的好,也没有如

你想的那样**糟糕**。

历史上的今天 2005年12月15日,经国务院批准,国家开发银行的第一期开元信贷资产支持证券(ABS),以及建设银行的建元2005-1住房抵押贷款支持证券(MBS)在银行间债券市场成功发行交易。这标志着我国第一批政策规范下的信贷资产证券化业务在境内正式开展。

2020年·庚子年

15

宜眷恋

农历十一月初一

十二月 星期二

记事：

单独或者合计持有公司 10% 以上股份的普通股股东（含表决权恢复的优先股股东）有权向董事会请求召开临时股东大会，并应当以书面形式向董事会提出。董事会应当根据法律、行政法规和公司章程的规定，在收到请求后 10 日内提出同意或不同意召开临时股东大会的书面反馈意见。

通用板块

经验不是发生在一个人身上的事件,而是一个人如何看待发生在他身上的事。

历史上的今天 1996年12月16日,《人民日报》刊登了特约评论员的文章《正确认识当前股票市场》,分析了1996年以来股市不正常和非理性暴涨的原因,指出了股市过度投机的风险,并针对当前情况,提出了加强监管、增加供给、正确引导、保持稳定的原则和应该进行的一系列工作。文章发布后股市连续4天跌停板,6个交易日从1258点跌到867点,当年行情结束。

2020 年 · 庚子年

16

农历十一月初二

十二月 星期三

宜把握机会

记事：

　　上市公司在一年内购买、出售重大资产或者担保金额超过公司资产总额 30% 的，应当由股东大会做出决议，并经出席会议的股东所持表决权的 2/3 以上通过。

通用板块

加码买进摊平法

（Buying More Lower Price Stocks to Lower Average Price）：

是一种在股价下行的过程中不断加仓以摊低股票平均买入成本的操作方法。主要有两种方式：第一种是平均加码摊平法，它指的是当所购股票高位套牢后，待其股价跌到一定程度，再照原来所持股数买进，以达到降低平均成本的目的。第二种是倍数加码摊平法，它是在股价下跌后，加倍或加数倍买进该股票，以达到更大幅度降低平均成本的目的。

历史上的今天 2003年12月17日和18日，中国人寿在美国纽约交易所和香港联交所两地上市，筹资35亿美元，成为当年全球最大IPO。

2020年·庚子年

17

忌短视

农历十一月初三

十二月 星期四

记事：

上市公司股东大会审议影响中小投资者利益的重大事项时，对中小投资者表决应当单独计票。单独计票结果应当及时公开披露，并报送证券监管部门。

通用板块

天地寂然不动,而气机无息稍停;日月尽夜奔驰,而贞明万古不易;故君子闲时要有吃紧的心思,忙处要有悠闲的趣味。

历史上的今天　2018年12月18日上午,中共中央、国务院召开大会,隆重庆祝改革开放40周年,习近平总书记发表重要讲话,明确要求将改革开放进行到底,在新时代创造中华民族新的更大奇迹。

2020 年·庚子年

18

宜透气

农历十一月初四

十二月 星期五

记事：
_____
_____
_____
_____
_____
_____
_____

可交换债券进入换股期后，当日买入的可交换债券，投资者当日可申报换股。

上交所

深交所

岁月本长，而忙者自促；天地本宽，而鄙者自隘；风花雪月本闲，而扰攘者自冗。

历史上的今天 1990年12月19日，上海证券交易所开业，时任上海市市长的朱镕基在浦江饭店敲响上交所开业的第一声锣。上市交易的仅有30种国库券、债券和被称为"老八股"（延中，电真空，大、小飞乐，爱使，申华，豫园，兴业）的股票，当日成交金额49.4万元人民币。

2020 年·庚子年

农历十一月初五

19
忌顽固

十二月　星期六

记事：

　　股东大会分为年度股东大会和临时股东大会。年度股东大会每年召开一次，应当于上一会计年度结束后的 6 个月内举行。临时股东大会不定期召开。

通用板块

▶ 成功的职业投资人应具备一些"相互矛盾"的素质。比如说,既要有大局观念,又要关注细节;既要保持客观理性,又要富有激情;既要遵守投资纪律,又要懂得灵活变通;既要有开放的心态来广泛听取别人的意见,又要能独立思考不盲从。至于怎么样才能把矛盾的两方面统一起来,不走极端,这就需要艺术性的把握能力。掌握分寸很重要,过犹不及。

▶ 投资像扑点球,事先你根本没有办法预测你应该扑向哪边。没经验的守门员只能靠赌,这次扑左边,下次扑右边,或许有蒙对的一次。有经验的守门员会事先做一些功课,他会了解不同的对手罚点球的时候有什么特点,有什么偏好,他会在对手跑动的过程中全神贯注地观察,在出脚的一瞬间,根据自己的经验做出判断。因此,成功的几率会大大增加。

————王亚伟(深圳千合资本管理公司董事长)

历史上的今天 1999年12月20日,中葡两国政府澳门政权交接仪式在澳门举行,宣告中国政府对澳门恢复行使主权,中华人民共和国澳门特别行政区成立。

2020 年·庚子年

20

宜红红火火

农历十一月初六

十二月 星期日

记事：

　　股东大会召集人应当保证会议连续举行，直至形成最终决议。因不可抗力等特殊原因导致股东大会中止或不能做出决议的，应采取必要措施尽快恢复召开股东大会或直接终止本次股东大会，并及时公告。

通用板块

雪落无声,情深无言。

今日,冬至,宜相拥。

历史上的今天 1996年12月21日,中国证监会发布《上市公司检查制度实施办法》。目的是为加强上市公司监管,促进上市公司规范动作,保护投资者的合法权益。

2020年·庚子年

21

宜吃汤圆

农历十一月初七

十二月 星期一

记事：

全面检查是对公司规范运作情况实行的常规性检查。专项检查是针对公司存在的问题或者易发风险的重大事项进行的专门检查。中国证监会可以采取回访检查方式，检查公司对监管工作中发现问题的整改落实情况。

通用板块

不羡慕别人，

　　不轻贱自己。

历史上的今天 2004年12月22日，中国证券登记结算公司成功为首旅股份提供股东大会网络投票服务，这是首次采用网络投票系统方式召开的上市公司股东大会。网络投票可以节省投票的成本，更好地实现了股东和公司价值的最大化。

2020 年·庚子年

22

忌强人所难

农历十一月初八

十二月 星期二

记事：

股东应当通过其股东账户参加网络投票，A 股股东应当通过 A 股股东账户投票；B 股股东应当通过 B 股股东账户投票；优先股股东应当通过 A 股股东账户单独投票。股东行使的表决权数量是其名下股东账户所持相同类别（股份按 A 股、B 股、优先股分类）股份数量总和。

上交所

深交所

▶ 将公司的内部和外边文化区别,并且要求自己和其他所有人在贯彻内部文化方面始终言行一致。

▶ 一旦你产生了一个简单的坚定的想法,只要你不停地重复它,终会使之成为现实。

▶ 提练、坚持、重复,这是你成功的法宝;持之以恒,最终会达到临界值。让优秀的人才在公司的主战场和第一线感受他们自己的价值。

——杰克·韦尔奇(通用电气前董事长兼CEO)

历史上的今天 1966年12月23日,中国科学工作者在世界上第一次用人工的方法合成了一种具有生物活力的蛋白质——结晶胰岛素。这是我国科学工作者经过6年零9个月的艰苦工作后获得的重大科研成果。

2020 年 · 庚子年

23

忌颓废

农历十一月初九

十二月 星期三

记事:

  证券经营机构应当向投资者充分告知参与港股通交易的主要风险，提示其审慎参与港股通交易，并要求其签署港股通交易风险揭示书。风险揭示书应当包括沪深交易所规定的必备条款。

沪主板

深交所

平安夜

只有信念、诗意、爱、浪漫,才能够为我们推开窗帘,向我们描绘和展示出无与伦比的美丽和荣耀。

历史上的今天 2013年12月24日,上交所发布《关于国家开发银行金融债券发行交易试点的通知》。12月27日,首批政策性金融债券——国家开发银行金融债券在上交所成功试点发行。这标志着继2010年上市商业银行进入交易所债券市场之后,银行间债券市场与交易所债券市场互通互融再度获得实质性进展。

2020 年·庚子年

24

宜欢聚

农历十一月初十

十二月 星期四

记事：

　　法人投资者及其他经济组织从事金融期货交易业务，应当根据自身的经营管理特点和业务运作状况，建立健全内部控制和风险管理制度，对自身的内部控制和风险管理能力进行客观评估，审慎决定是否参与金融期货交易。

通用板块

圣诞节

所有**晦暗**都留给过往，

从此**凛冬**散尽，星河**长明**。

Merry Christmas

历史上的今天 2000年12月25日，中科创业崩盘，出现连续10个跌停板。此前该股在庄家朱焕良和吕梁的操纵下，上涨近10倍。庄家吕梁先是自我曝光，把责任推给朱焕良，随后神秘失踪，传统坐庄模式终结。

2020年·庚子年

25

宜交换礼物

农历十一月十一

十二月 星期五

记事:

　　上市公司举行业绩说明会、分析师会议、路演等投资者关系活动,为使所有投资者均有机会参与,可以采取网上直播的方式。网上直播的,公司应当提前发布公告,说明投资者关系活动的时间、方式、地点、网址、公司出席人员名单和活动主题等。

深主板

中小板

创业板

后悔厌恶（Regret Aversion）：

指当人们做出错误的决策时，对自己的行为感到痛苦，这种认为没有做出正确决定的情绪就是后悔。后悔比受到损失更加痛苦，因为这种痛苦让人觉得要为损失承担责任。后悔厌恶会使人们墨守成规，以使后悔达到最小化。

历史上的今天 2013年12月26日，中国证监会修订《非上市公众公司监督管理办法》，12月30日，全国中小企业股份转让系统根据该办法配套制定和发布8项业务制度，配套修订6项业务制度，这标志着新三板市场的正式推出，我国多层次资本市场建设进一步取得实质性进展。

2020 年 · 庚子年

26

宜丢弃

农历十一月十二

十二月 星期六

记事：

上市公司应当披露的定期报告包括年度报告、中期报告和季度报告。凡是对投资者做出投资决策有重大影响的信息，均应当披露。

通用板块

这个世界上没有不带**伤**的人,

真正能**治愈**自己的,只有自己。

历史上的今天 1988年12月27日,深圳万科企业股份有限公司在深圳特区报刊登招股通函,万科是新中国首家严格按上市公司标准规范运作上市的公司。

2020 年 · 庚子年

农历十一月十三

27

宜取暖

十二月 星期日

记事：

合格投资者参与股指期货交易，应当根据中国人民银行、国家外汇管理局核准开立的不同资金账户分别向中金所申请交易编码。合格投资者的不同资金账户参与股指期货交易应当独立运作。

通用板块

凡心所向，素履所往，

生如逆旅，一苇以航。

——七堇年《尘曲》

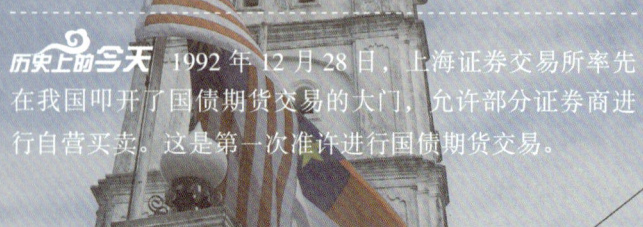

历史上的今天 1992年12月28日，上海证券交易所率先在我国叩开了国债期货交易的大门，允许部分证券商进行自营买卖。这是第一次准许进行国债期货交易。

2020年·庚子年

28

宜改变

农历十一月十四

十二月 星期一

记事：

上市公司在定期报告、业绩预告或者业绩快报公告前十个交易日内不得回购股份。

上交所

深交所

生活需要**磨练**,人生更需要**洞悟**。顺生而行,不沉迷过去,不**狂热**地期待着未来,生命理当如此!

历史上的今天 1998年12月29日,酝酿5年多的《证券法》获得人大常委会通过。该法于1999年7月1日起正式实施,成为我国证券市场健康发展的强有力保障。

2020 年 · 庚子年

农历十一月十五

十二月 星期二

29

宜洗涤

记事:

　　上市公司应设立专门的投资者咨询电话和传真,咨询电话由熟悉情况的专人负责,保证在工作时间线路畅通、认真接听。咨询电话号码如有变更,应尽快公布。

通用板块

▶ 应对不确定性,要提前准备锅里的饭。一边做着手里的事,一边要看清形势下一步怎么走。

▶ 一个人如果做事情的时候忘了目的的话,做着做着就会被过程所驱动。

▶ 做一件事情不能仅把表面做完了,还要做透。就像种果树,把树种了,摘了俩果子就走了,还有满树的果子。一定要把树上的果子全摇下来——把应该得到的东西全得来。

——柳传志(联想集团创始人)

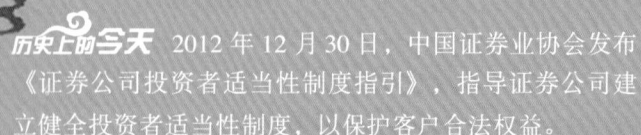

历史上的今天 2012年12月30日,中国证券业协会发布《证券公司投资者适当性制度指引》,指导证券公司建立健全投资者适当性制度,以保护客户合法权益。

2020年·庚子年

农历十一月十六

30

忌 十全十美

十二月 星期三

记事：

从事中间介绍业务的证券公司接受期货公司委托，协助办理开户手续的，应当对投资者开户资料和身份真实性等进行审查，向投资者充分揭示金融期货交易风险，进行相关知识测试和风险评估，做好开户入金指导，严格执行投资者适当性制度。

通用板块

今天**再大**的事，到了明天就是**小事**；今年再大的事，到了明年就是**故事**。

历史上的今天 1996年12月31日，第一个记账式非实物券方式发行的企业债券——吉化集团公司企业债券，在上海证券交易所上市交易。

2020 年·庚子年

31

宜总结

农历十一月十七

十二月 星期四

记事：

非因基金财产本身承担的债务，不得对基金财产强制执行。

通用板块

索 引

❧ 投资故事：

全球"股神"——沃伦·巴菲特……………………	一月
并购大师——布鲁斯·沃瑟斯坦……………………	二月
"指数基金教父"——约翰·博格尔…………………	三月
"周期大王"——霍华德·马克斯……………………	四月
顶级交易员——保罗·都铎·琼斯…………………	五月
股市伯乐——菲利普·费雪…………………………	六月
老牌杠杆收购大师——亨利·克拉维斯……………	七月
美国共同基金之父——罗伊·纽伯格………………	八月
价值投资大师——乔尔·格林布拉特………………	九月
"耶鲁投资泰斗"——大卫·斯文森…………………	十月
量化投资之父——詹姆斯·西蒙斯…………………	十一月
掷飞镖的大猩猩与基金经理…………………………	十二月

⚜ 大师语录： ✒

本杰明·格雷厄姆	1月5日
查理·芒格	1月19日
彼得·林奇	1月31日
乔治·索罗斯	2月13日
罗伊·纽伯格	2月25日
雷·达里奥	3月7日
沃伦·巴菲特	3月18日
吉姆·罗杰斯	3月31日
伯纳德·巴鲁克	4月16日
威廉·欧奈尔	5月3日
安德烈·科斯托兰尼	5月13日
霍华德·马克斯	5月28日
菲利普·费雪	6月14日
彼得·德鲁克	6月22日
詹姆斯·西蒙斯	7月7日
约翰·博格尔	7月26日
约翰·邓普顿	8月9日
迈克尔·S.萧普谢尔	8月19日
乔尔·格林布拉特	9月1日
比尔·盖茨	9月17日

马克·墨比尔斯	9月30日
彼得·圣吉	10月18日
杰西·利弗莫尔	11月1日
约翰·科特	11月12日
汤姆·彼得斯	11月24日
菲利普·科特勒	12月8日
杰克·韦尔奇	12月23日

❋ 中国声音：

张磊	1月12日
熊晓鸽	1月26日
董明珠	1月28日
裘国根	2月6日
方洪波	2月10日
张小龙	2月21日
归江	3月1日
张瑞敏	3月9日
但斌	3月14日
赵丹阳	3月25日
赵军	4月7日
任正非	4月24日
马化腾	5月9日
黄燕铭	5月19日
刘积仁	5月26日

沈南鹏	6月7日
马云	6月20日
冯仑	6月26日
邱国鹭	7月3日
丁磊	7月9日
杨天南	7月19日
曹德旺	7月21日
刘鸿儒	7月28日
段永平	8月2日
周鸿祎	8月15日
张泉灵	8月26日
李杰	9月6日
宓群	9月9日
姚斌	9月15日
徐小平	9月24日
习近平	10月1日
吴世春	10月11日
林欣禾	10月21日
阎焱	11月6日
石波	11月21日
任俊杰	12月1日
李驰	12月6日
王亚伟	12月20日
柳传志	12月30日

❧ 投资知识：

投资者信心（Investor Confidence）	1月4日
分段获利法（Segment Profit Method）	1月8日
顽固心理（Stubborn Mind）	1月18日
标准比较法（Standard Comparison Method）	1月23日
弹簧理论（Spring Theory）	2月1日
价值投资方法（The Method of Value Investing）	2月9日
顺势投资法（Momentum Investing Method）	2月16日
过度反应/反应不足（Over Reaction/Under Reaction）	2月23日
利乘法（Multiplication Rules）	2月29日
绿票讹诈（Green Mail）	3月6日
保本投资法（Capital Guaranteed Investment Rules）	3月11日
有限理性（Bounded Rationality）	3月21日
金字塔型买卖法（Pyramid Trading Rules）	3月26日
可得性偏差（Availability Bias）	4月3日
相对有利法（Relatively Favorable Method）	4月12日
代表性偏差（Representativeness Bias）	4月18日
渔翁撒网法（A Package of Stocks Investment Rules）	4月26日
投资者认知假说（The Investor Recognition Hypothesis）	5月2日
损失厌恶（Loss Aversion）	5月6日
证实偏差（Confirmation Bias）	5月16日
被动投资法（Passive Investment Method）	5月23日
认知偏差（Cognitive Bias）	5月31日
短期获利法（Short-term Profit Method）	6月4日

过度自信（Over Confidence） …………… 6月12日

滤嘴投资法（Filters Investment Rules） ……… 6月18日

心理账户（Mental Accounting） ……………… 6月24日

试盘买卖法（Testing Buying/Selling Method） …… 7月5日

金融素养（Financial Literacy） ……………… 7月12日

分段买高法（Piecewise Buying Method） ………… 7月18日

投资者情绪（Investor Mood） ………………… 7月23日

趋势投资计划调整法
（Trend Investment Scheme Adjustment Rules） …… 7月30日

心理风险（Psychological Risk） ……………… 8月6日

固定金额投资计划法
（Fixed Amount Investment Schemes Method） …… 8月12日

赌徒心理（Gambler Mind） …………………… 8月23日

投资三分法（Investment Trichotomy Method） …… 8月28日

犹豫心理（Hesitating Mind） ………………… 9月4日

股市周期循环论（Stock Market Cycle Theory） … 9月13日

急躁心理（Irritable Mind） …………………… 9月20日

博傻理论（Bigger Fool Theory） ……………… 9月27日

试探性投资法（Exploratory Approach） ……… 10月3日

趋势理论（Tendency Theory） ………………… 10月9日

交易偏好（Trading Preference） ……………… 10月16日

随机漫步理论（Random Walk Theory） ……… 10月24日

机会成本（Opportunity Cost） ………………… 10月28日

相反理论（Contrarian Theory） ……………… 11月3日

效用最大化（Maximization of Utility） ……… 11月15日

沉没成本（Sunk Cost） ………………… 11 月 28 日

道氏理论（Dow Theory） ………………… 12 月 4 日

风险厌恶（Risk Aversion） ………………… 12 月 10 日

加码买进摊平法
（Buying More Lower Price Stocks to Lower Average Price） … 12 月 17 日

后悔厌恶（Regret Aversion） ………………… 12 月 26 日